Tirso de Molina

Quien da luego
da dos veces

Barcelona **2024**
Linkgua-ediciones.com

Créditos

Título original: Quien da luego da dos veces.

© 2024, Red ediciones S.L.

e-mail: info@Linkgua-ediciones.com

Diseño de cubierta: Michel Mallard.

ISBN tapa dura: 978-84-9953-807-5.
ISBN rústica: 978-84-9816-532-6.
ISBN ebook: 978-84-9953-418-3.

Sumario

Brevísima presentación

La vida

Tirso de Molina (Madrid, 1583-Almazán, Soria, 1648). España. Se dice que era hijo bastardo del duque de Osuna, pero otros lo niegan. Se sabe poco de su vida hasta su ingreso como novicio en la Orden mercedaria en 1600 y su profesión al año siguiente en Guadalajara. Parece que había escrito comedias, al tiempo que viajaba por Galicia y Portugal. En 1614 sufrió su primer destierro de la corte por sus sátiras contra la nobleza. Dos años más tarde fue enviado a la Hispaniola (actual República Dominicana), regresó en 1618. Su vocación artística y su actitud contraria a los cenáculos culteranos no facilitó sus relaciones con las autoridades. En 1625, el Concejo de Castilla lo amonestó por escribir comedias y le prohibió volver a hacerlo bajo amenaza de excomunión. Desde entonces solo escribió tres nuevas piezas y consagró el resto de su vida a las tareas de la orden.

Personajes

Doña Elena
Margarita
Calvete
Don Luis
Don Diego
Marco Antonio
Peinado
El Marqués
El Príncipe de Parma
Claudia
Julio
Carlos
Fabia
Dos labradores

Jornada primera

(Salen don Luis, estudiante, y Margarita, dama.)

Luis   Por vida vuestra...

Margarita   Es en vano.

Luis   Solo un rato.

Margarita   Ni un instante.

Luis   Trato tengo cortesano.

Margarita   Sois español y estudiante,
iréisos del pie a la mano;
          idos, o haré que os vais. ¡Hola!
(Da voces.)   La quinta ha quedado sola.

Luis   Noble soy, perded el miedo.

Margarita   Siendo mujer ¿cómo puedo,
si la licencia española
          conozco y su inclinación?

Luis   Pues ¿qué tiene?

Margarita   Es tan extraña,
que, según nuestra opinión,
nunca echó de ver España
si era calva la Ocasión.

Luis   Cortedad es el perdella
cuando nunca usaron de ella

            manchando vuestro valor.

Margarita   Luego echáis la culpa a Amor
y decís que os atropella;
   basta lo que habéis hablado
y que con miedo os he oído.

Luis   ¿Palabras miedo os han dado?

Margarita   Siempre las de España han sido
obras, según me han contado,
   y no son recelos vanos,
porque acá los italianos
dicen, aunque no de miedo,
que tenéis los de Toledo
hasta en las palabras manos.

Luis   Allá el decir es hacer;
pero aunque este nombre cobran,
nunca saben ofender.

Margarita   Con palabras que tanto obran
mal parece una mujer,
   y por esto no os consiento
que me habléis.

Luis   ¿Qué detrimento
corréis si palabras son
viento vano?

Margarita   Hay opinión
que en España engendra el viento.

Luis   Es verdad. Andalucía,

	de Marte y Minerva madre, caballos veloces cría que al viento tienen por padre.
Margarita	Luego la sospecha mía no es mucho llegue a temer que aquí me habléis, pues con ser palabras viento en el mundo, si el de España es tan fecundo riesgo corre una mujer.
Luis	Yeguas paren en España del viento, mujeres no.
Margarita	Esa opinión os engaña, porque si el viento adquirió virtud tan nueva y extraña con los brutos sin razón, y para su perfección basta el aire que no calma, ¿qué harán palabras con alma, y más si españolas son?
Luis	No corre ese riesgo en vos, que os hizo de bronce Dios.
Margarita	Idos, o iréme...
Luis	Un oído solo de limosna os pido.
Margarita	Si no tengo más de dos, ¿por qué me pedís el uno?

Luis	Porque mis quejas entienda.
Margarita	No he visto yo pobre alguno que la mitad de la hacienda pida.
Luis	Soy pobre importuno.
Margarita	De limosna os lo concedo; abreviad, que atenta quedo.
Luis	Un año ha, señora mía, que dejé la patria mía, ya vos sabéis que es Toledo. La mocedad, que violenta consejos de un padre dados, que con su nobleza intenta dejarme diez mil ducados, entre otra hacienda, de renta, me obligó a ver novedades de Italia, cuyas ciudades, letras, armas, bizarría, autoridad, policía, nobleza y antigüedades hacen venir a ofrecerla y rendirle la ventaja a cuantos vienen a verla, pues dicen que Europa es caja y en ella Italia es la perla. Gustó de venir conmigo, por ver tierras, un amigo, mi igual en valor y edad; que en la patria es calidad el ser un hombre testigo

de vista en otras naciones
varias en leyes, y gente
con que en las conversaciones
convoca auditorio y miente
sin peligro de objeciones.

    Llegamos a Lombardía
después de ver la abundancia,
armas, valor, pulicía
y hermosura con que Francia
a Venus y a Marte cría.

    Y embarcados en Marsella
hasta Génova la bella
advertimos lo que puede
la industria sabia que excede
la naturaleza en ella.

    Vimos al mundo en Milán
abreviado, su riqueza,
las armas que se la dan,
su apacible fortaleza,
tanto español capitán,

    tanto príncipe de fama,
tanto caballero y dama,
tanto mercader copioso,
tanto edificio suntuoso,
que, no obstante que se llama

    Milán por ser de la tierra
el epílogo, me fundo
en decir que en paz y en guerra
es escritorio del mundo
donde sus joyas encierra.

    Vimos a Bresa, Verona,
Mantua, Ferrara, Cremona,
Pavía, Parma, Plasencia,
Módena, Lodi, Vicencia

y todo lo que corona
   el Tesín y el Po lombardos,
sin que la inmensa beldad
de sus ángeles gallardos
pudiese a la libertad
enflaquecer los resguardos.

   Hasta que, entrando en Bolonia,
aquí, donde su colonia
tiene Apolo y donde, en suma,
Atenas rindió su pluma
y sus armas Babilonia,

   mirando los privilegios
que le dio naturaleza,
sus conventos, sus colegios,
su gobierno y la grandeza
de sus edificios regios.

   Mientras que los ojos veían
fábricas que entretenían
el gusto, entonces en calma,
asomóse a ellos el alma.
Cerráranse, pues podían,

   pero fuera su crueldad,
y menos daño es, señora,
que pierda su libertad
el alma que os ve y adora
que el no gozar tal beldad.

   Vi en vos el mal que contemplo
por bien, al salir de un templo
y entrar en una carroza,
cuarta esfera que el Sol goza,
y alumbra el mundo a su ejemplo.

   Y ciego el claro arrebol
que aquesta hermosura muestra,
sospeché, a fe de español,

que era la eclíptica vuestra
como me vi junto al Sol;
    informéme del estado,
nombre y valor que os ha dado
la fama que os acredita;
sé que os llamáis Margarita;
que sin padre habéis quedado
    debajo de la cautela
de Marco Antonio Gonzaga,
hermano vuestro, que os cela
como padre, y es bien lo haga,
que el cuerdo siempre recela.
    Supe que vuestra riqueza
no iguala a vuestra nobleza,
que es milagro cuando aúna
con los dotes de Fortuna
los suyos Naturaleza.
    Y supe, en fin, que en beldad,
en virtudes, en valor;
nobleza y honestidad,
sois el ejemplo mayor
con que se honra esta ciudad.
    Viendo, pues, daros la palma
de todo a todos, en calma
mi esperanza mal segura,
adoré vuestra hermosura,
y vuestra virtud, el alma.
    Quedéme aquí con color
de estudiar, con que gané
de mis padres el amor,
y hasta a mi amigo obligué
que escogiese por mejor
    la escolástica apariencia
a quien, amor reverencia,

más que galas arrogantes,
que Amor es dios de estudiantes
y su facultad ya es ciencia.
    Seis meses ha que os molesta
con los medios que ha podido
el alma que os manifiesta
su amor, y no ha merecido
aun para morir respuesta.
    A esta causa vine aquí
a informaros yo de mí,
que para pleitos de amor
no hay mejor procurador
que el procurar para sí.
    Diez mil ducados heredo,
nobleza los acompaña
con que pretenderos puedo.
El nombre que me dio España
es don Luis de Toledo;
    solo para que me sobre
todo el bien, falta que cobre
mi dicha la mejor dita,
que es por dueño a Margarita
del alma; sin ella, pobre.

Margarita   Dejáisme tan obligada,
señor don Luis de Toledo,
cuanto imposibilitada
de pagaros, porque quedo
de otra obligación prendada.
    Porque nunca he confesado
deudas, que es trabajo inmenso;
pero vos estáis culpado,
pues echasteis ese censo
antes de estar informado

si hay hipotecas en mí
con que pagaros, y así
perderá vuestro caudal
réditos y principal.

Luis	Pues la libertad perdí,
	que era la joya mejor,
	ninguna me satisface.
	Pero ¿a quién tenéis amor?

Luis   Pues la libertad perdí,

Margarita   Notable ventaja os hace.

Luis   En dicha, si no en valor.

Margarita   En todo, y porque cobréis
sosiego y os consoléis,
sabed, señor don Luis,
que es Dios con quien competís.

Luis   Luego ¿ser monja queréis?

Margarita   Aquéste ha de ser mi estado.

Luis   ¿Habéis hecho voto?

Margarita   Sí.

Luis   Pues ¿cómo no lo ha estorbado
vuestro hermano?

Margarita   Antes así
aseguró su cuidado,
   que como falta el caudal
para darme esposo igual,

y la nobleza no es prenda
que se estima sin la hacienda,
lleva Marco Antonio mal
   el verme mal empleada,
y así a mi gusto se aplica.

Luis   Pues ¿es justo, prenda amada,
que margarita tan rica.
en hierro viva engastada?
   ¿No es mejor engaste el oro,
pues por mi dueño os adoro,
de diez mil ducados?

Margarita   Ya
es imposible.

Luis   ¿Será
de tanta estima el tesoro
   con que Arabia se enriquece,
como el que vuestra hermosura
con vuestra virtud me ofrece?
¡Mal haya, amén, quien procura,
cuando casarse apetece,
   dotes de hacienda y riqueza,
si la virtud y belleza
dan sus dotes al Amor,
pues solo tienen valor
dotes de naturaleza!

Margarita   Mirad que dais que notar
aquí.

Luis   ¡Volveos a secar,
esperanzas mal logradas!

Margarita	Palabras al cielo dadas, ¿quién las osará quebrar?
Luis	¿Quién? Una dispensación.
Margarita	¿De religión? Será en vano.
Luis	Pues, Amor, ¿no es religión?
Margarita	Visto nos ha el hortelano. Tarde es; que os vais es razón.

(Sale Carlos, de hortelano.)

Luis

      Daros gusto determino,
si de una mano el divino
cristal me dejáis besar.

(Tómale la mano y apártalos Carlos.)

Margarita   Daré voces.

Carlos

         ¡Ah, escolar!
¡Que pisáis el lechuguino!
    Par Dios que nos dais la vida.
Quitaos, que echáis a perder
la hortaliza.

Luis

         Si perdida
mi esperanza vengo a ver
y seca antes que nacida,
    ¿qué importa?

Carlos	¡Buenas razones! Tomad con tiempo la puerta, porque en, tales ocasiones está temblando la huerta de escolares y gorriones. 　¿Mas que si la quinta cierro y voy a soltar el perro que ese quillotro se os quita?
Margarita	Adiós.
Luis	¡Que tal margarita guste de engastarse en hierro!

(Vase don Luis.)

Carlos	¿Qué es esto, esposa querida?
Margarita	Locas diligencias son, dueño amado de mi vida, de una vana pretensión, como tal aborrecida.
Carlos	¡Gallardo español!
Margarita	Y extraña locura la que le engaña si cree que como ciudades ha de rendir voluntades la dicha y valor de España, 　y más llamándoos la mía, dueño suyo un año ha.
Carlos	¿Qué amante no desvaría,

y más si mirando está
la luz que ese Sol le envía?

Margarita   ¿Cuándo, duque de Ferrara,
querrá la Fortuna avara,
sin que el peligro os asombre,
que en público os dé este nombre?
¿Cuándo saldrá la luz clara
   de vuestra dicha, a pesar
de tantos negros nublados
que la intentan eclipsar?
¿Y hasta cuándo mis cuidados
han de temer y dudar
   el poder gozar y veros
rotos los trajes groseros
con que anda otra vez sujeto
el desterrado de Admeto
entre toscos jardineros?
   Por vuestro hermano menor
os veis, duque, desterrado
de Ferrara, que señor
os llamaba, y vuestro estado
da la obediencia a un traidor.
   Cargos promete y hacienda
a quien os dé muerte o prenda,
y el vil interés, que ofusca
la razón, dicen que os busca
aunque la lealtad se ofenda.
   Sola yo, que disfrazado
ante ese sayal os vi,
porque no andéis desterrado,
en vez de Ferrara os di
toda el alma en un estado.
   Reináis sin pena o temor

de que os quite algún traidor
la posesión de mis bienes,
pues os ha dado en rehenes
mis pensamientos, Amor.

Carlos   Margarita, muchas cosas
traigo de que daros cuenta,
tan nuevas como espantosas
para vos; estadme atenta,
que os han de ser provechosas.
    ¿No fue Filipo Gonzaga
vuestro padre, el que siguió
en bandos de Lombardía
la voz del emperador
Ludovico de Baviera,
que siendo competidor
contra Federico de Austria
sobre el imperio bajó
a Italia, sin estorbarlo
el papa Juan XXII,
que ayudaba a Federico?

Margarita   Mi padre le dio favor
contra el papa y contra el rey
Ludovico de Valois,
siguiendo los gibellinos;
pero caro nos costó,
pues muerto en una batalla
que en las riberas del Po
le dio el príncipe de Parma,
a quien entregó el bastón
de la iglesia el papa Juan.
Quedamos por su ocasión
sin patrimonio y hacienda;

y mi hermano, que señor
fue antes de tres ciudades,
despojado recogió
a Bolonia las reliquias
de su nobleza y valor,
conservándole cual veis,
de tal suerte, que hasta hoy
no ha podido hallar materia
contra él la murmuración.

Carlos   Dejó; pues, a vuestro hermano
su noble progenitor
la enemistad que al de Parma
tuvo como en sucesión;
y consérvala de suerte,
que el más ilustre blasón
con que se honra es de enemigo
de cuantos le dan favor.

Margarita   No es mucho que la venganza
precipite la razón,
pues perdimos por su causa
hacienda y reputación
y lo que es más, a mi padre,
pues dándosele a prisión
no quiso sino manchar
con su sangre su valor.
Pero bien nos ha vengado
el cielo, pues permitió
que el marques de Monferrato,
primo del Emperador
Federico, le quitase
a Parma, y que de temor
de su poder, él y un hijo

huyesen donde hasta hoy
no se sabe, habiendo un año
que, disfrazados los dos,
prueban la distancia que hay
de ser pobre a ser señor.
Mas, decidme, duque mío,
¿a qué propósito son
tantos trágicos sucesos,
que estoy puesta en confusión?

Carlos   Todos estos, Margarita,
importan a nuestro amor,
medianero entre enemigos,
aunque de guerras autor.
Pero, decidme, si agora
el príncipe que mató
a vuestro padre se diese
a vuestro hermano a prisión,
olvidados sus agravios,
¿no le daría perdón,
a pesar de la venganza,
que es de tiranas blasón?

Margarita   Con ser mi hermano tan noble
sospecho, duque, que no,
que es ya en la naturaleza
la enemistad que heredó
contra el príncipe de Parma;
antes, de su inclinación
colijo que imitaría
con él mi hermano a Nerón;
por darle la muerte muere.

Carlos   Margarita hermosa, y vos,

¿siguiérades su crueldad?

Margarita   No lo sé; dudosa estoy.
La venganza en las mujeres
es natural condición.
Perdí con mi padre mucho;
pero, viendo al matador
pedirme perdón humilde,
soy de tierno corazón
y sospecho que venciera
la piedad a la pasión;
mas ¿sabéis vos dónde está?

Carlos   Sí.

Margarita   ¿Dónde?

Carlos   Donde yo estoy
legítimo sucesor.

Margarita   ¿No sois duque de Ferrara?

Carlos   Príncipe de Parma soy,
y vuestro esposo, en quien vive
vuestra injuria y mi afición.
(De rodillas.)   Tomad venganza en el hijo
del padre que os ofendió;
pero advertid que antepone
el esposo al padre Dios
y que soy esposo vuestro.

Margarita   ¡Cielos! ¿Hay tal confusión?
¿Quién vio mezcla tan distinta
como agravios con amor?

Alzaos, príncipe, del suelo;
aunque sois el agresor
de mi injuria, corre ya
el peligro por los dos.
Un año ha que sois mi esposo,
cauteloso engañador,
como a príncipe os la doy;
que si el padre me quitaste,
para su satisfacción
prenda tengo en las entrañas
que os llamará padre a vos.
Pero ¿cómo me engañaste?

Carlos Huíamos mi padre y yo
del Marqués de Monferrato
y del popular furor
que aclamando el gran poder
del injusto poseedor
al legítimo buscaba
para darle muerte atroz.
Fuese mi padre a Saboya,
su duque le dio favor,
y yo que en Venecia quise
pasar la persecución
de la Fortuna mudable,
disfrazado de pastor
entré en Bolonia una noche,
a tan dichosa ocasión,
que al salir de una carroza
que a vuestras puertas paró,
y a la luz de algunas hachas
vi la luz de aqueste Sol.
Asomáronse a los ojos
el alma y el corazón,

para tener un buen día
entre tantos de rigor.
Pero apenas los vio en ellos
el travieso enredador,
alguacil de vagamundos,
cuando luego los prendió.
Quiso resistirse el alma;
mas ¿de qué defensa son
las fuerzas de un hombre solo
contra las fuerzas de un dios?
Enamorado y confuso
mandó juntar la razón
las potencias a consejo;
llevó al peligro el temor,
discurrió el entendimiento,
la memoria presentó
papeles en pro y en contra,
la desconfianza halló
una sierra de imposibles,
que para mi pretensión
sirvieron de espuelas
y alas; y por más que demostró
mi pobreza vuestro agravio,
el peligro y la ocasión
que daba a vuestra venganza
no huyendo, mi perdición,
al fin que no me ausentase
la voluntad sentenció,
que no tiene qué perder,
como anda desnudo, Amor.
Conocióme un jardinero
viejo, de quien fui señor
en Parma y cultiva ahora
esta quinta, en que cifró

la Fortuna vuestra hacienda;
su lealtad me dio favor;
el deseo, atrevimiento;
mi diligencia, ocasión
para contaros mis penas,
que fue, bien lo sabéis vos,
al borde de aquesta fuente,
junto de este cenador.
Fingí ser el de Ferrara,
a quien su hermano menor,
como a mí el de Monferrato,
de su estado despojó.
Pues si verdad os dijera
nunca llegara a sazón
mi esperanza, que no crece
sobre agravios el amor.
Hallé la correspondencia
en vos, que me prometió
vuestra apacible hermosura,
y como amor es unión
de las almas, de tal suerte
su yugo nos enlazó,
que una sola está en dos cuerpos,
si aun en esto hay división.
De esta suerte nos gozamos
hecho jardinero yo
del pensil de esa hermosura,
de cuya primera flor
la astuta naturaleza,
como divino pintor,
quiso en una sola imagen
retratarnos a los dos.
Un hijo me prometéis,
y ya aguardándole estoy,

que son prendas que amor labra
para su conservación;
al secreto y la ventura
convidando estaba hoy
para el parto que se acerca,
Dios mitigue su dolor,
cuando el viejo jardinero
diciendo a voces llegó:
«Albricias, Carlos ilustre,
vuestra desdicha cesó.
El príncipe, vuestro padre,
siendo el duque intercesor
de Saboya, goza ya
de Parma la posesión.
Julio viene en vuestra busca
y es alegre embajador
de estas venturosas nuevas;
él os lo dirá mejor.»
Fue Julio mi camarero,
y en lealtad y valor
otro Zópiro con Dario
y otro Pitias con Damón.
Loco, pues, de haberme visto,
me dijo: «Deja, señor,
el tosco metamorfosis
que disfraza tu valor.
El marqués de Monferrato
y tu ilustre padre son
amigos, y en parentesco
sus bandos traban los dos;
su hacienda toda y estado
le ha vuelto, con condición
que con Claudia, su heredera,
te cases».

Margarita	¿Con quién? ¡Ay Dios!
Carlos	Sosegad, mi Margarita,
	que siendo mi esposa vos,
	yo cristiano y caballero,
	en balde es vuestro temor.
	Vuestro hermano Marco Antonio
	ha sentido nuestro amor,
	y pienso que ha sospechado
	a lo que vine y quién soy.
	Ausentarme es de importancia,
	y tomar la posesión
	de Parma condescendiendo
	con la puesta condición.
	Que una vez fortalecido
	y en mi estado, verá amor,
	a pesar de toda Italia,
	cuál cumplí mi obligación..
Margarita	¿Cómo, príncipe? ¿Y es justo
	que en la boca del león
	dejéis a vuestra cordera
	cuando os hago mi pastor?
	Decís que mi hermano tiene
	sospechas de que el ladrón
	de su honra y de mi gusto
	es su enemigo mayor,
	¿y en sus manos me dejáis?
	Mirad, cuando por mí no,
	por el fruto de quien fuisteis
	a mi costa labrador.
	¿Quién duda que en mí y en él
	ejecutará el rigor

de su cólera mi hermano,
teniendo la culpa vos?
Libranzas dais a la ausencia
que jamás deudas pagó
de amor si no con olvido,
moneda vil de vellón.
Puerta abrís al interés
de la libertad, señor;
a otra dama dais audiencia,
cabellos a la Ocasión.
No, Carlos, con vos he de ir,
o morir aquí con vos;
seré sepulcro yo misma
de quien madre infeliz soy.
Denos mi hermano la muerte,
vengue su injuria en los dos,
pues los dos habemos sido
los pródigos de su honor.
¡Hola, gente; hola, criados!
¡Ah, Marco Antonio; ah, señor!
Aquí está vuestro enemigo;
vengaos, que os hace traición.

Carlos   Basta, esposa de mis ojos;
parad la enojada voz;
nunca mi padre me vea;
nunca vuelva a Parma yo;
no soy su príncipe ya,
solo vuestro esposo soy;
más quiero ser jardinero,
gozándoos, que emperador.
Pero ¿cómo evitaremos,
de vuestro hermano el furor
que nos está amenazando?

Margarita	Ausentándonos los dos.
Carlos	¿Adónde?
Margarita	Carlos, a Parma.
Carlos	Tengo del marqués temor, pues, despreciando a su hija y conociendo quién sois hará alguna crueldad.
Margarita	Jardinero y labrador dentro en mi casa habéis sido; jardinero seré yo, Carlos, en vuestro palacio, que no es de menos valor mi amor que el vuestro.
Carlos	Alto, pues, a buscar a Julio voy para que el rústico traje os traiga; vendré por vos a media noche.
Margarita	¿Habrá falta?
Carlos	Antes la hará al cielo el Sol.
Margarita	¿No me olvidaréis?
Carlos	Jamás.
Margarita	¿Sois mi esposo?

Carlos	Vuestro soy.
Margarita	¿Iréisos sin mí?
Carlos	No puedo..
Margarita	¿Lleváisme?
Carlos	En el corazón.
Margarita	Dudando quedo.
Carlos	¿De qué?
Margarita	Sois hombre.
Carlos	Tengo valor.
Margarita	¡Ay, mi Carlos!
Carlos	¡Ay, mi bien!
Margarita	Adiós, [esposo mío].
Carlos	Adiós.

(Vanse. Sale Marco Antonio con una daga desnuda y Peinado, jardinero viejo.)

Marco .... [-ame]
.... [-onda]
¿Quieres que esconda
en aquese pecho infame

33

hasta la cruz esta daga?

Peinado   No, señor, por el lechón
que está junto a San Antón
y así buena pro le haga,
   tras el torrezno y la polla
la olla del mediodía,
pues dice la mujer mía
que después de Dios la olla,
   que envaine y no me pescude
más de lo que he confesado.
Al príncipe disfrazado
encobrí aquí cuanto pude,
   porque, en fin, comí su pan;
no imaginé yo que hacía
en esto bellaquería.
Si quillotrados están
   los dos, ¿en qué yo he pecado?

Marco   ¿Tú sabes si fue liviana
con el príncipe mi hermana?

Peinado   ¿Liviana? ¿Hela yo tomado
   a cuestas? Bien gorda está.
Yo comprara de su espeso
un lechón.

Marco   Que no digo eso,
villano, ni excusará
   tu muerte el disimular.
Si lo niegas —¡vive Dios!—
que has de pagar por los dos.

Peinado   ¿Por qué lo he yo de pagar

si no lo sé? ¿Só adivino?

Marco   ¡Oh, infame! ¿Mentirme tratas?

Peinado   ¡Válganme las cuatro patas
                 del caballo de Longino!
                    ¿Diz que tengo de decir
                 lo que no he visto, ni sé,
                 sin por qué ni para qué?

Marco   ¡Vive Dios que has de morir,
                    disimulado traidor,
                 si no dices la verdad!

(Cógele de los cabezones.)

Peinado   Yo hablaré con claridad;
                 suelta el pescuezo, señor.

Marco   ¿Gozó el príncipe a mi hermana?

Peinado   ¿Pues puédolo yo saber?
                 ¿No se habían de esconder
                 los dos de mí? Cosa es llana.
                    Si habrán o son amigos
                 ni lo he visto ni lo pienso,
                 que no es testamento o censo
                 para herlo ante testigos.
                    Mijor de aquesas congojas
                 te sacará el cobertor
                 de este verde cenador,
                 pues hechos ojos sus hojas
                    quizá ves el cuándo y cómo
                 saben en qué remedaban

la tórtola y se arrullaban,
hecho Carlos el palomo
  y ella la paloma boba
....
....
.... [-oba]
  Que a pesar del verdugado
.................[-ones];
que es en estas ocasiones
de amor, el monte ha colmado,
  ¿qué buscas si lo ves?

Marco   Basta,
que mi enemigo mayor
ha triunfado de mi honor
y que no es mi hermana casta.
  Basta, que estando privado
por él de padre y de hacienda
una sola joya y prenda
que el cielo me había dejado,
  que es la honra de Margarita,
ésa me vino a robar.
Pues ¿qué remedio? quitar
la vida a quien honras quita.
  Su padre ha cobrado a Parma;
si mano a mi hermana ha dado
de esposo, y con tal cuñado
Amor a Marte desarma,
  no es justo mi enojo y furia;
mas, sí, que la sangre clama
de mi muerto padre y llama
a la venganza la injuria.
  No le trajo aquí el amor
a Carlos; ni es su trofeo

36

el disfraz, sino el deseo
de dejarme sin honor.
	Ya le han picado sus pies;
pues ¿quién me persuadirá
que a mi hermana antepondrá
a la hija del marqués
	que a Parma le restituye,
si casándose con ella
goza estado y mujer bella
y a mí me afrenta y destruye?
	Pues a la venganza cuadre
su muerte, que es medio sabio;
satisfágase mi agravio,
vénguense mi honra y padre,
	muera mi hermana con él
antes que saque contenta
a luz su hijo y mi afrenta,
que no han de mezclarse en él
	mi sangre y del homicida,
pues mal las sangres podrán,
que tan contrarias están
dar juntas a un cuerpo vida.
	De noche es; Carlos está
ignorante de que sé
quién es; vengarme podré,
pues, como suele, vendrá
	a verle mi loca hermana,
y de un golpe hará el castigo
venganza en un enemigo
y en una mujer liviana.
	Éste es bien que vivo esté
para el secreto y recato
por hoy, porque si le mato,
la quinta alborotaré

y Carlos huirá seguro;
pero ha de estar encerrado,
no le diga que me ha dado
cuenta de todo.

Peinado   Yo juro
ser desde hoy hombre de bien
si de esta trampa me escurro.

Marco   Ven conmigo.

Peinado   Tengo al burro
andando la noria.

Marco   Ven.

Peinado   Quiero ir a regar los nabos.

Marco   Sígueme, no tengas miedo.

Peinado (Aparte.) (Ya empiezo a decir el credo;
mal huelo por todos cabos.
    ¡San Panuncio, San Benito!)

Marco   ¡Ea!

Peinado (Aparte.)   (Él me despachurra.
Así le ayude la burra
en que la Virgen fue a Egipto,
    que me deje her testamento
y luego me matará.)

Marco   ¡Villano, acabemos ya!

Peinado	Señor, por el monumento,
	por la tumpa y el guisopo,
	por la lámpara y su luz,
	por la manga de la cruz
	y por todo cuanto topo
	cuando ando a escuras,
	que tenga mancilla de este cuitado,
	que no hallará otro Peinado
	si una vez enviuda Menga.
Marco	Yo te aseguro la vida
	porque fuiste a tu señor
	leal. Ven, no hayas temor.
Peinado	El alma tengo escorrida
	de miedo; aquesto es verdad.
Marco	¿No vienes?
Peinado	¿Hay mayor susto?
Marco	¡Ea!
Peinado	Ya vamos, que es justo
	que hagamos su voluntad.

(Vanse. Salen don Diego, de estudiante, y doña Elena, también de estudiante.)

Diego	¡Jesús, Jesús!
Elena	En Dios creo,
	aunque traigo el alma en pena.
	¿Que os santiguáis?

Diego	Doña Elena,
	¿vos con sotana y manteo?
	¿Vos desde Toledo aquí,
	en Bolonia y en escuelas?
Elena	Calzóme Amor las espuelas,
	¿qué mucho que vuele ansí?
Diego	¿Una mujer como vos,
	de tal valor y linaje,
	en Italia y en tal traje?
Elena	Hazañas son de Amor dios;
	¿qué os espanta?
Diego	Lo que escucho
	y lo que veo.
Elena	O sois loco,
	o no sabéis que ama poco
	quien amando no hace mucho.
	Don Diego, un mes hace curso
	las escuelss de los celos,
	dando penas y desvelos
	liciones a mi discurso.
	Y en un mes que he estado aquí,
	haciendo en vez de liciones
	locas averiguaciones
	que han salido contra mí,
	no os he hablado ni he querido
	darme a conocer. Ya sé,
	si amor en don Luis sembré;
	que vengo a coger olvido.

Quísole el alma ofrecer
la libertad que negó
que, como avaro, dejó
de tomar por no volver.
　Vinose huyendo de mí,
a Italia; mas, como amor
crece en brazos de un rigor,
disfrazada le seguí,
　atropellando mi fama
hasta aquí; donde he sabido
que pretende, aborrecido,
aborreciendo a quien le ama.
　Y como juntos vivís
y sois un alma los dos,
esperando que por vos
ha de pagar don Luis
　mi amor constante, he querido
darme, en fin, a conocer
solo a vos; yo vengo a ser
vuestro paje, y lo que os pido,
　por la nobleza española
con que vuestro nombre honráis,
es que a nadie descubráis
quién soy; que esta traza sola,
　si me ayuda la Fortuna,
hará, con vuestro favor,
que don Luis tenga amor
a doña Elena de Luna.

Diego　　　　　¡Alto! No hay aconsejaros;
que sois amante y mujer,
que habéis sabido querer
y sabéis determinaros.
　Vuestro amor es tan constante

41

que cualquier favor merece.
A don Luis no pertenece
una mujer de diamante;
  y aunque bella y principal,
pobre; y cuando se ablandase,
no es bien que don Luis se case
fuera de su natural.
  Un año ha que estoy por él
envuelto en aqueste luto,
oyendo textos sin fruto.

(Sale don Luis.)

Luis   Prevénme casco y broquel.

Diego   Éste es.

Elena   Di que de Toledo
soy y que a servirte vine.

Diego   ¿No será mucho que atine
quién eres?

Elena   No tengas miedo,
  que me ha visto pocas veces,
y siempre lo aborrecido
engendra en el alma olvido.

Diego   Divinamente pareces
  de estudiante.

Elena   No es mal trueco
el que he hecho.

Diego	¡Bello traje! ¿Quién diré que eres?
Elena	Tu paje.
Diego	¿Y llamaréte?
Elena	Pacheco.
Luis	¡Oh, don Diego de Mendoza!
Diego	Salir querrás ya a rondar.
Luis	A lo menos adorar la casa que a mi Sol goza. ¡Ay, don Diego, sentenciado vengo a muerte!
Diego	¿Qué delito has hecho?
Luis	Amar infinito a Margarita.
Diego	¿Hasla hablado? ¿Mostrósete desdeñosa? ¿Reprendió tu libertad? ¿No hizo su honestidad la empresa dificultosa? ¿Mas que te dijo con talle severo, hecha otro Narciso, «Mira, Zaide, que te aviso que no pases por mi calle»? Por lindo modo te encanta,

	para cogerte después, donde no te irás por pies.
Luis	¿Qué dices, que es una santa?
Diego	¿Santa? Bueno, hazla un altar.
Luis	¡Plugiera a Dios que quisiera ser mi esposa!
Elena (Aparte.)	(¡Ay, rabia fiera! ¿esto venir a escuchar?)
Luis	Mas tan desdichado he sido que quiere encerrar mis quejas entre paredes y rejas.
Diego	¿De qué modo?
Luis	Ha prometido ser monja.
Elena (Aparte.)	(¡Albricias, Amor, que ésta nueva os resucita!)
Diego	Restituyo a Margarita la opinión de su valor; estado ha escogido al doble honroso, que un monasterio es ilustre cautiverio y cárcel de gente noble. Mudad gusto.
Luis	¿Cómo puedo?

Diego	No es bien competir con Dios.
Luis	¿Quién es el que está con vos?
Diego	Un muchacho de Toledo que el deseo de estudiar y verme le traen aquí.
Luis	¿Es de vuestra casa?
Diego	Sí.
Luis	¿Cúyo hijo?
Diego	De Aguilar, de mi padre gentilhombre.
Luis	¡Buen talle!
Diego	¡Maravilloso!
Luis	¿Y el ingenio?
Diego	Milagroso. Pacheco tiene por nombre.
Elena	¿Qué manda vuesa merced?
Diego	Pacheco, que conozcáis a don Luis y le sirváis como a mí.
Elena	Mucha merced

45

recibiré que en su gusto
me emplee.

Luis   ¿Habéis estudiado?

Elena   Gramática he comenzado,
                aunque con algún disgusto.

Luis   ¿En qué andáis?

Elena   «Amo, Amas.»

Luis   ¡Buen verbo! ¿Y ha mucho?

Elena   Sí.
                no puedo salir de aquí.

Luis   Son laberintos sin llamas.
                   ¿Pues sabéis ya declinar?

Elena   ¡Plugiera a Dios lo ignorara,
                porque si no declinara,
                ya supiera conjugar!

Luis   Decid, pues, esta oración:
                «Yo amo a Dios.»

Elena   Es mentirosa,
                porque amándole a su esposa,
                no le amáis y hacéis traición.

Luis   Bachiller me parecéis.

Elena   Y aun licenciado.

Luis   Decid:
«Yo amo.»

Elena   Aqueso sí; oíd,
y que la acierto veréis
sin temor de solecismo.

Luis   Donaire tiene por Dios.

Elena   Va, ego amo.

Luis   ¿A quién?

Elena   A vos.

Luis   ¿A mí amáis?

Elena   A vos mismo,
que sois mi dueño y señor.

Diego   Su lealtad os ha obligado,
que como es vuestro crïado,
es razón que os tenga amor.

Luis   ¿Mi crïado?

Diego   Si lo es mío,
vuestro lo ha de ser también.

Luis   Desde aquí lo quiero bien.

Elena   En esa palabra fío.

(Sale Calvete, gorrón, con espada y broquel.)

Calvete
          Accipe et tiniebunt gentes.
          Con el broquel sufridor
          no traigo el casco, señor.
          Los tuyos son suficientes.

Luis
          Pues ¿por qué?

Calvete
                    La ley lo veda,
          que estando el tuyo vacío
          ponerte otro, señor mío,
          será seda sobre seda.

Luis
          Ven, conmigo, impertinente.

Calvete
          ¿Salimos ya a bobear?

Diego
          ¿Aguardámoste a cenar?

Luis
          Sí.

Diego
               ¿A las cuántas?

Calvete
                         A las veinte.

Luis
          Luego vendré.

Calvete
                    Cuando el día,
          el alba enrubia el copete.

Diego
          ¿No iré en lugar de Calvete
          mejor yo en tu compañía?

Luis	Ya sabes mi condición.
Diego	No te quiero replicar.
Calvete	Estrellado he de cenar.
Luis	¿Qué hora es?
Calvete	Las once son.

(Vanse Luis y Calvete.)

Elena	A idolatrar las paredes de su Margarita va.
Diego	Si determinada está de entrarse monja, bien puedes asegurar tus recelos.
Elena	Ven, sabremos cómo llora desdenes de la que adora y ayudaránle mis celos.
Diego	Si es tu gusto, enhorabuena.
Elena	Amor loco, yo por vos y vos por otro.
Diego	Y —¡por Dios!— que lo estás tú, doña Elena.

(Vanse. Salen don Luis y Calvete.)

Calvete	¿Qué diablos has de sacar

de andar cargado de hierro,
dando en que entender a un perro
que nos comienza a ladrar;
    hecho cedulón de esquina,
pisando bastardo barro,
puesta la vista en el Carro,
las Cabras y la Bocina,
    mientras se acuesta despacio
quien esa pena te da,
y más sabiendo que está
tomada para palacio?
    Si ha de ser monja, ¿de qué
te ha de servir el rondarla,
suspirar y enamorarla?

Luis   ¿Comienzas ya? Déjame.

Calvete   Si a un torno y reja ha hecho voto,
¿qué provecho sacas de esto?
Pero vendrás ya dispuesto
a ser su negro devoto.
    Y escogiendo el bobo estado,
que caro te ha de costar,
querrás desde hoy comenzar
el año del noviciador.
    Un amigo tuve yo
que estuvo malo en España
de esta contagión extraña.

Luis   ¿Cómo?

Calvete   A una monja sirvió
    hecho mula de retorno,
pechero de una andadera,

paciente de una portera
y majadero de un torno;
que al cabo de deseallo,
más que verse libre un preso,
sin ser la monja de queso,
se la daban por un rallo.

Luis   Déjate de disparates,
y ¿qué hará mi ingrata, di?

Calvete   Una albarda para ti
con estribos y acicates.

Luis   ¡Ah, necio!

Calvete   A lo moscatel
amas; quizá es su ejercicio,
como andas en su servicio,
el estar ahora en él
       despachando provisiones
para quien sus puertas pasa.

(Sale a la puerta Fabia, criada, con una criatura envuelta.)

Luis   ¡Vive Dios!

Calvete   La de su casa
abrieron; si te dispones
     a saber quién entra o sale,
llega; mas mira por ti.

Luis   ¿La puerta han abierto?

Calvete   Sí.

Luis	¡Válgame Dios!
Calvete	Ya te vale.
Luis	A tal hora es novedad en tan recogida casa abrir puertas.
Fabia	Ce, ¿quién pasa? ¿Sois el príncipe? Llegad.
Luis	Calvete, príncipe dijo.
Calvete	Es verdad, príncipe oí.
Luis	¡Ay, cielos!
Calvete	Dile que sí.
Luis	El príncipe soy.
Fabia	Un hijo os ha dado Margarita que a Narciso se adelanta.
Luis	¡Hijo! ¿Cómo?
Calvete	¡Oh es una santa!
Luis	¡Jesús!
Calvete	¿Ésta es la bendita, la monja, la recogida?

	Pero bien se recogió.
Fabia	No ha un instante que parió con peligro de la vida. Pero el cielo soberano tan propicio nos ha sido, que en el jardín ha parido sin saber nada su hermano. Ha fingido un accidente, y ahora en la cama está. Lo propuesto estorbará por hoy este inconveniente; mas presto os veréis los dos en vuestro estado y sin pena.
Calvete	¡Linda monja!
Fabia	Gente suena; tomad, príncipe, y adiós.
(Vase.)	
Calvete	¿Qué te ha dado?
Luis	La criatura.
Calvete	Bueno; a quien hizo el cohombro di que se le eche en el hombro.
Luis	¡Jesús! ¿Duerme por ventura?
Calvete	No se durmió la señora.
Luis	Loco estoy de pena y celos;

                    ¡Jesús, Margarita, cielos!

Calvete   ¿Qué habremos de hacer ahora?

Luis   Dar finiquito a mi amor.

Calvete   ¿No la has de amar?

Luis   ¿Cómo puedo
                si desengañado quedo?
                Miremos por el honor
                   de Margarita, Calvete,
                que al fin la he querido bien.
                A buscar una ama ven.

Calvete   De amante te hizo alcahuete.

Luis   Mañana quién es sabré
                este príncipe encantado
                que en costas me ha condenado,
                y el hurto le volveré.

Calvete   El ama le criará
                que nos sirve.

Luis   ¿Está parida?

Calvete   ¿Eso ignoras, por tu vida?
                Parida y preñada está.

Luis   Pues bien viene.

Calvete   ¡Qué bonito
                parece el chico!

54

Luis   Cesó
                       mi amor.

Calvete   ¡Ajó, niño, ajó!
                       Llamaráse Margarito.

(Vanse.)

                       Fin de la Jornada primera

Jornada segunda

(Salen don Diego como de noche, y doña Elena.)

Diego

La calle es ésta, y aquélla
su casa.

Elena

Buena, en verdad.

Diego

Con haber en la ciudad
tantas, ésta es la más bella.

Elena

El estar en arrabal
disminuye su valor.

Diego

No es por aqueso peor.

Elena

No está en calle principal.

Diego

No, pero es más provechosa.

Elena

Mas ¿cómo?

Diego

Demás de estar
dentro y fuera del lugar,
esta huerta deleitosa
    la hace más excelente,
que es gran cómodo el poder
en una ciudad tener
casa y quinta juntamente.

Elena

Ya sé que se llama ésta
porque no me satisfagas,
la quinta de los Gonzagas;

mas, si según manifiesta
  la fama, su dueño pasa
pobreza, di que la venda,
que siempre la poca hacienda
se corre en la grande casa.

Diego   No ha de obligar la pobreza,
por grande que venga a ser,
a que uno llegue a vender
el solar de la nobleza.
  Y aunque hecha comparación
con la hacienda y el estado
que tuvo antes ha quedado
pobre, según la opinión
  del vulgo, más rico queda
el rico cuando empobrece
que el pobre cuando enriquece.

Elena   Para que quedarlo pueda,
  empeñe esta Margarita
que me da tanto pesar.

Diego   Vender si, mas no empeñar,
que no es prenda que se quita
  la mujer, antes con ella
dan dineros.

Elena   Mucho tarda
don Luis.

Diego   Como no aguarda
su dama ni ha de vencella
  con servirla y pasealla,
quizá se hartó de rondar

	y dio la vuelta a cenar.
Elena	La huerta han abierto, calla.
Diego	¿Mas si le hubieren cogido a don Luis entre dos puertas?
Elena	Mis desdichas fueran ciertas.
Diego	Una mujer ha salido sola.
Elena	Dama debe ser de Marco Antonio.
Diego	No es hora de salir damas ahora.
Elena	Pues ¿cuándo?
Diego	Al amanecer salen muchas de aventura, que, como sobras de cena, las mañanas; doña Elena, las echan con la basura.
Elena	¿Hate sucedido a ti?
Diego	No sé; cuando no hay solomo, mozo soy, de todo como.

(Sale Margarita con manto.)

| Margarita | ¿Dónde iré, triste de mí? |

¿Si habrá el príncipe venido?
Gente por la calle pasa.
¿Qué he de hacer? Volverme a casa
no es posible, que ha sentido
    mi hermano mi liviandad,
y dar esta noche intenta
fin a mi vida y su afrenta.
¡Tened, cielos, piedad
    de mi vida!

Elena   Consultando
está por dónde ha de ir.

Margarita   El temor me fuerza a huir,
y el honor está dudando.
    Volveréme.

Diego   Reina mía,
si estar indeterminada
es a falta de posada
mientras sigue el alba el día,
    en la nuestra está la cena
con ánimo de aguardar
convidados.

Margarita   ¡Qué a escuchar
venga aquesto!

Diego   Doña Elena,
    ¡qué bien huele, pesia tal!

Elena   Sí; pero no siempre suele
oler bien quien siempre huele.

Diego	Así lo dijo Marcial.
	¿No merecemos respuesta?
(Da voces.)	
Margarita	¡Ah Príncipe! ¡Ah Carlos!
Elena	¡Paso!
Diego	¿Príncipe? ¡Notable caso!
Elena	Mujer principal es ésta.
	Volverme será mejor.
Diego	¿Qué teméis, señora mía?
Margarita	Alguna descortesía.
Diego	Gente somos de valor.
Margarita	Pues mostradle en no impedir
	mi camino.
Diego	Andad con Dios,
	aunque llevando a los dos
	más segura podréis ir.
Margarita	El peligro considero
	qué llevo de noche y sola.
	¿Qué gente sois?
Diego	Española.
Margarita	¿Sois noble?

Diego	Soy caballero.
Margarita	¿De qué reino?
Diego	De Toledo,
Margarita	¿Y qué apellido?
Diego	Mendoza.

Margarita	Gracias al cielo que goza
	tan noble amparo mi miedo.
	  Si el valor y la piedad
	nobles atributos son
	que ensalzan vuestra nación,
	Mendoza ilustre, jurad
	  por la fe de caballero
	que mi honor irá seguro
	en vuestro amparo.

Diego	Sí, juro.
Margarita	Que lo cumpliréis espero. Venid, pues.
Diego	¿Dónde?
Margarita	No sé.
Diego	¿Qué lleváis?
Margarita	Mi triste suerte.

Diego	¿De quién huís?
Margarita	De la muerte.
Diego	¿Quién sois?
Margarita	Después lo diré, que corre mi vida aquí mucho riesgo.
Diego	En mi posada segura estaréis y honrada.
Margarita (Aparte.)	(¡Ay, Príncipe!)
Diego	¿Vamos?
Margarita	Sí.

(Vanse don Diego y Margarita.)

Elena	Llevósele por lo honrado.
	Dios ponga tiento en su amor,
	que no es todo sino olor
	a escuras y rebozado.
	  Aunque si por la apariencia
	el juicio se ha de hacer,
	muestras ha dado de ser
	de más prendas que prudencia.
	  A un príncipe pidió ayuda,
	que Carlos después llamó,
	y al ver de dónde salió
	me ha puesto en notable duda.
	  Pero ejemplo tiene en mí

cualquiera amorosa hazaña,
pues a Italia desde España
don Luis me trae ansí.
   Por aguardarle si acude
aquí donde pierde el seso,
no voy a ver el suceso,
de esta dama; Amor la ayude
   si ha sido autor de sus penas,
que teniendo que llorar
tantas yo; mal podré dar
oídos a las ajenas.

(Salen don Luis y Calvete, como de noche.)

Luis
        ¿Que estaba parida el ama?

Calvete
        ¿No lo has visto?

Luis
            ¿Hay tal ventura?
Por el bien de la criatura
la perdono.

Calvete
         ¡Oh, cómo mama
   el chicote! Mas ¿a qué
volvemos a este lugar?
¿Es por ventura a buscar
otra cría que nos dé
   en que entender?

Luis
         El deseo
de conocer, si es posible,
este príncipe invisible,
ya que sus efectos veo,
   me saca fuera de mí

y de mi casa a tal hora.

Calvete ¿Sabes tú si vendrá ahora?

Luis Si le esperaban aquí
   a cosa que importa tanto,
¿quién duda que acudirá?

Calvete ¿Has de acuchillarle?

Luis   ¡Ya
cesó mi amoroso encanto!
   El fue mejor negociante
y más dichoso que yo.
Si la cátedra llevó
que pretendí por vacante,
   ¿qué he de hacer?

Calvete   Bien lo imaginas,
aunque burla es, y no leve,
que él la cátedra te lleve
y tú pagues las propinas.
   Ya parece que nos llama
otra mujer y nos da
otro niño que criará
a tu costa en casa otra ama;
   y así puedes poco a poco,
si lo sufre tu caudal,
hacer tu casa hospital
de expósitos.

Luis   Calla, loco.

Calvete Harto más lo es quien procura

	andar como tú, perdido,
	pues rompiendo otro el vestido
	te ha echado a cuestas la hechura.
	Vamos a cenar, señor.

Elena   Dos hombres vienen. ¿Si acaso
es éste el príncipe?

Calvete   Paso,
que está tu competidor
a las puertas de tu dama.

Luis   Dices la verdad; éste es
el príncipe.

Calvete   Llega, pues.

Luis   Antes quiero ver si llama
a la puerta.

Elena   Hablarle intento.

Calvete   Acá se acerca, señor.
Hablarle será mejor.

Luis y Elena   ¿Sois el príncipe?

Calvete   ¡Buen cuento!
¡Válgate la maldición
por príncipe tan buscado!
O es duende o está encantado.

Elena   Don Luis y Calvete son.

Luis	¿Es Pacheco?
Elena	Señor, sí.
Luis	¿Y don Diego?
Elena	Una aventura gozar en casa procura.
Luis	¿Y qué haces tú solo aquí?
Elena	Obligo cierto respeto.
Luis	¿Tuyo?
Elena	¿No soy yo persona?
Calvete	Para hacerle una mamona.
Elena	Soy solícito y secreto, y por esta causa espero ser venturoso en amores.
Calvete	Todos salen bailadores en cas del tamborilero. Tenemos el amo amante, por fuerza habemos de amar; desde hoy me echo a enamorar, pues tú eres disciplinante.
Luis	¿Qué príncipe imaginaste que era yo cuando me viste?
Elena	El mismo que tú entendiste

que era yo cuando me hablaste.

Luis   ¿Conócesle?

Elena   Yo en mi vida
le eché paja.

Calvete   O se ha escondido,
o algún diablo se ha metido
príncipe.

Elena   Salió afligida
  de esa casa una mujer
de bravo talle y olor;
tuvo de vernos temor,
y queriéndose volver,
  llegó don Diego, ofrecióla
a lo tierno su posada,
pero gritó alborotada:
«¡Ah príncipe! ¡Ah, Carlos! ¡Hola!»
  Sosegámosla los dos,
y paró en fin en sosiego
en llevársela don Diego
a casa.

Calvete   ¡Bueno, por Dios!

Luis   Calvete, ¿si es Margarita?

Calvete   ¡Jesús! ¿Eso has de decir?
¿Tal mujer ha de salir
de noche, y sola? Bonita
  es ella; alguna crïada
al príncipe fue a buscar

que se debió de pagar
del convite y la posada,
  y envidiosa por ventura
de lo que con su ama pasa,
querrá encuadernar en casa
con don Diego otra criatura;
  no hay sino cunas y a ello,
que llueven muchachos hoy.

Luis   ¿Quién será? Confuso estoy.

Calvete   En casa puede sabello.

Luis   Bien dices. ¡Ay, cielos,
                  si tengo en ella a mi bien!

Calvete   Un hombre viene; detén
                  el paso.

Elena (Aparte.)   (Ya tengo celos
                    de este demonio o mujer.
                  ¿Si es Margarita? ¡Ay de mí!)

(Sale don Diego.)

Diego   ¿Si hallaré al príncipe aquí?
                  Mas éste debe de ser.
                    ¿Sois el príncipe, señor?

Calvete   Otro buscón de aventuras.
                  ¿Qué príncipe es éste a escuras,
                  qué brujo o que encantador?

Diego   ¡Don Luis!

Luis	¿Es don Diego?
Diego	¡Bueno! Dadme albricias.
Luis	¡Ay, amigo! ¿Qué te he dar si contigo tienes el alma?
Calvete	El sereno que pasamos.
Luis	Mas ¿que sé? ¿De qué a pedírmelas vienes?
Diego	¿De qué?
Luis	A Margarita tienes en casa.
Diego	Tarde llegué. ¿Quién te lo ha dicho?
Luis	Mis celos, que infiernos en mí se llaman. Cuéntame el cómo.
Diego	Los que aman siembran gusto y cogen duelos. ¿No sabes en qué ha parado la monja?
Luis	Ya he sabido

que ha parado en que ha parido.

Calvete   Las cabras nos han echado;
                en casa el muchacho está.

Diego   ¡Válgame Dios!

Luis   Hallé abierta
                esta encubridora puerta,
                poco más de una hora habrá;
                  asomóse una crïada
                con un niño, y como vio
                que pasábamos, llamó;
                llegué, el alma alborotada,
                  y oyéndome preguntar:
                «¿Sois el príncipe?». Que sí,
                celoso la respondí.
                «Gracias —dijo— podéis dar
                  a Dios, de que ya tenéis
                un hijo que a Margarita
                y a vos en belleza imita;
                y porque os aseguréis
                  de todo punto los dos,
                Marco Antonio está ignorante
                de todo.» Dióme el infante
                y cerró con un adiós.
                  ¿Qué os parece?

Diego   ¡Caso extraño!

Luis   Al ama, en fin, se la di,
                qué está parida.

Diego   Eso sí,

no será estéril este año.
¿Y habéis sabido quién es
el príncipe?

Luis
                    Ya estuviera
en casa si lo supiera;
eso aguardo.

Diego
                    Vamos, pues,
que yo os quitaré el deseo.

Luis   ¿Cómo? ¿Conocéisle vos?

Diego   Muy bien.

Calvete
                    ¡Bendito sea Dios
que cumplir tu antojo veo!

Diego
      Carlos, príncipe parmés,
os ganó la bendición,
y es esposo, en conclusión,
de Margarita. Después
      sabréis lo que ha sucedido.

Luis   Pues ¿no estaba desterrado?

Diego   De hortelano disfrazado
ha un año que es su marido;
      y esta noche que parida
estaba, huyó con temor
de ver que sabe su amor
su hermano, y puso su vida
      y su honra en mi poder.
En mi casa deposita

amor vuestra Margarita;
vamos, si la queréis ver.

Luis   ¿Príncipe era el hortelano?
Con tan gran competidor
temerario fue mi amor.
El apetito villano
    persuade al pensamiento
mil quimeras, que no sé
si resistirlas podré,
don Diego, si está al sediento
    brindando el arroyo claro,
si puede vivir el muerto,
si el que navega ve el puerto,
si toca el oro el avaro,
    si ve la joya el ladrón,
si el asalto el capitán,
al norte la piedra imán,
y, en fin, Amor la ocasión,
    ¿no será cualquier reparo
que le resista violento?
Claro está; yo soy sediento,
muerto, navegante, avaro,
    ladrón, capitán y amante;
pues si agua, vida, puerto, oro,
asalto, ocasión, tesoro,
me ha puesto el cielo delante,
    ¿quién pondrá a mi gusto tasa
cuando la ocasión le espera,
ni quién la osará echar fuera
si ella misma se entra en casa?

Elena (Aparte.)   (¡Ay, sospechoso temor,
mi desdicha averiguastes!)

Diego	Contra amorosos contrastes,
	don Luis, basta el valor.
	Margarita tiene dueño.
	Ella es noble y vos honrado;
	de mi valor se ha fiado
	y es mi palabra el empeño
	sobre quien su honor confía,
	y es razón que lo defienda,
	pena de perder la prenda
	que ella estima por ser mía.
	Bien sé que lo que decís
	es sin veros al espejo
	de la razón y el consejo,
	y que sois vos, don Luis,
	tan cuerdo, que cuando Amor
	la entrada segura os diera,
	el apetito venciera
	vuestra nobleza y valor.
(Echa mano.)	Mas por sí, o por no, dejad
	vuestra amorosa querella
	en esta raya o en ella
	dejaré vuestra amistad
	por más prendas que en ella haya;
	que ser amigo es deshonra
	del que en ofensa de la honra
	sus gustos no tiene a raya.
Luis	Dame, amigo, aquesos brazos,
	que injustamente lo fueras
	si enojado no rompieras
	de mi amor los ciegos lazos.
	Habló sin pedir licencia
	a la razón el deseo;

mi culpa y tu enojo veo;
mas sirva de penitencia
   mi justo arrepentimiento,
que el fuego que me provoca
sacó el alma por la boca,
porque estaba en mí violento.
   Tántalo soy; el manjar
que mi apetito interesa
me pone Amor en la mesa
sin dejármele tocar.
   Ven, que persuadido quedo,
por mucho que pueda Amor,
que podrá más el valor
de don Luis de Toledo.

Diego   Vamos, que esa hazaña sola
es digna de aquese pecho.
Pero ¿qué hazañas no ha hecho
la cortesía española?
   Contra ti has de pelear.

Luis (Aparte.)   (¡Cielos, que viendo que abrasa
el fuego el dueño a su casa
no le ha de poder matar!)

(Vanse don Luis y don Diego.)

Calvete   Pacheco, ¿qué suspensión
es ésa?

Elena   Es mi desventura,
es pena, es rabia, es locura
y es la misma confusión
   del infierno. ¿Margarita

en casa con don Luis?
Celos, ¿aquesto sufrís,
cuando amor os precipita?
¡Fuera vida, seso afuera,
fuera inútiles disfraces!
Sepa quién soy

Calvete   ¿Qué es lo que haces?

Elena   Muera Margarita y muera
                      don Luis.

Calvete   ¿Estás borracho?
                 ....
                 ....
                 ....[-acho].
                 ¡Jesús! ¿Qué te importa a ti
                 Margarita?

Elena   ¡Bueno es eso!
                 El alma, la vida, el seso,
                 que por su ocasión perdí.
                      ¿Piensas tú que soy Pacheco?

Calvete   Pues ¿quién eres?

Elena   ¿Qué sé yo?
                 Un árbol que Amor plantó,
                 verde ayer y ahora seco.
(Aparte.)   (¡Ay, confusos devaneos!
                 ¿Así quién soy descubrís?
                 ¿Por qué, honor, no resistís
                 mis frenéticos deseos?
                      Si aquéste sabe quién soy,

a don Luis se lo dirá,
y sin razón cortará
la tela que urdiendo voy;
    impórtame divertirle
de este pensamiento. Amor,
siempre sois enredador;
prevenidme qué decirle.)

Calvete	¿Qué, no eres Pacheco?
Elena	No.
Calvete	Dime, pues, ¿cómo te llamas?
Elena	Infierno de amor.
Calvete	¿Luego amas a Margarita?
Elena	Enlazó en sus brazos mi esperanza la hiedra que, ya marchita, adivina en Margarita mi muerte por su mudanza. ¡Ay, si supieras quién soy! Mas, si muero porque callo, poco importa declarallo y morir, pues loco estoy.
Calvete	¿Quién eres?
Elena	El desdichado príncipe de Parma.

Calvete	¿Quién?
	¿Tú príncipe?
Elena	Yo.
Calvete	¡Oh, qué bien!
	Pocas muelas he mamado.
	¿A mí engañifas?
Elena	¡Pluguiera
	al cielo que no me honrara
	con tal nombre, que no entrara
	en Bolonia, que no viera
	con Margarita mi daño,
	que no pagara tributo
	a mi amor el suyo en fruto
	que sembré y cogí en un año!
	Del hijo de quien es madre
	soy padre.
Calvete	Serlo podéis;
	pero, pardiez, que tenéis
	ruines barbas para padre.
	Pacheco, si ha sido gana
	de darme papilla al niño
	con ella, que sois lampiño,
	y yo extiendo toda arana...
Elena	Vete, necio, que no estoy
	para burlas ni quimeras
	cuando salen tan de veras
	mis desdichas. Di que soy,
	a Margarita, heredero
	de Parma desposeído,

por príncipe aborrecido
y amado por jardinero.
  Di que, pues el español
me afrenta y sus brazos goza,
sin que el valor de Mendoza
lo estorbe, que cuanto el Sol
  viste de oro y el mar baña,
tengo de peregrinar
hasta que pueda vengar
la injuria que me hace España.
  Dile que de celos muero
y que la vida me enfada;
pero no le digas nada,
que es don Luis caballero;
  ella noble, y sin sentido
mis celos, que sin querer
juzgan lo que puede ser
como si ya hubiera sido.

Calvete   Tú lo dices de tal suerte,
que cuando burlarme trates,
aunque ensartas disparates,
de lástima he de creerte.
  Pero ¿cómo puede ser,
rapaz, lo que dices cierto,
si ha un año que está encubierto
en casa de esa mujer
  el príncipe, y de su estado
por el marqués excluido?

Elena   Basta decir que yo he sido
quien de pastor disfrazado,
  temeroso del marqués
de Monferrato, la quinta

79

donde a Chipre el Amor pinta,
cultivé por interés
　de otra Venus en beldad
que me dio un ángel que incita
al amor.

Calvete　　　　　Si a Margarita
gozabas con libertad
　hecho hortelano, ¿a qué efeto
dejaste el rústico traje
y escogiste más ser paje
de don Diego?

Elena　　　　　No hay secreto
　que permanezca si el ciego
descubre sus travesuras;
sembró sus gustos a escuras
y a luz sacó el fruto luego.
　Supo su hermano el suceso,
mandó ausentarme el temor,
mas, como, aunque niño, Amor
es temerario y travieso,
　por no ausentarme de aquí
y saber de esta maraña
al fin, el valor de España
en mi favor escogí.

Calvete　　　　　Pues ¿por qué más a don Diego
que a otro?

Elena　　　　　¡Jesús, qué extraño
sois, Calvete! Si en un año
que cual mariposa al fuego
　me abraso por Margarita,

sé que es don Luis su amante
y que no hay hora ni instante
que su amor no solicita,
    discreción fue el escoger
el servirle, pues podía
andando en su compañía
a mi Margarita ver
    con don Luis cada instante
que a solicitarla fuera,
y mi amor en él tuviera
siempre un tercero ignorante.

Calvete   Todo aquesto es evidencia;
convencióse mi porfía,
perdóneme vusiría;
pero mal dije, vuslencia,
    que yo diré a mi señor
que es el príncipe.

Elena   El secreto
me importa, mas yo os prometo
de haceros mucho favor
    si con debido recato
mi estado y nombre encubrís,
que es amigo don Luis
del marqués de Monferrato,
    y no menos que la vida
en que lo ignore me va.

Calvete   Desde hoy la lengua estará
por ti al paladar asida.
    Pero más satisfacción
tu Margarita merece
si por tu causa aborrece

                        de mi señor la afición.

Elena   ¡Ay, cielos! Que su hermosura,
                        corre riesgo en su poder,
                        y Amor no sabe perder
                        el tiempo ni coyuntura.

Calvete   Don Luis ha prometido
                        no agraviarla, y de su honor
                        es don Diego el defensor;
                        firme ella, tú su marido,
                          no hay trance que temer puedas.

Elena   Ni hombre que pueda estar,
                        Calvete, junto al manjar
                        con hambre y las manos quedas.
                          Mas, vamos, que mi presencia
                        la suya hará recatada.

Calvete   ¿Hay noche más enredada?

Elena   ¡Hola!

Calvete   ¿Qué manda vuslencia?

(Vanse. Salen Carlos y Peinado.)

Peinado   En una sala encerrado
                        hasta ahora me ha tenido,
                        adonde el pobre Peinado
                        a tragos por ti ha sorbido
                        la muerte. De modo he estado
                          esta noche en el encierro
                        o prisión, que, si por hierro

Marco Antonio me matara,
en mis calzones hallara
la cera para el entierro.
   Darme la muerte quería,
según por entre la puerta
lo escuché, en viniendo el día.
Ya su hermana estará muerta...

Carlos   ¿Qué dices? ¡Ay, prenda mía!

Peinado   A no romper la ventana
y escorrirme, esta es la hora
que me hace cenar sin gana
con Cristo, y que Menga llora
su luto y viudez temprana.
   Todo lo sabe, par Dios;
por mataros a los dos
juntos, esta noche ha sido
disimulado, fingido;
pero no hallándoos a vos,
   ya habrá visto Margarita
la tierra de la verdad.

Carlos   Antes que el cielo permita
tan inhumana crueldad,
venganza tan inaudita,
   no admita otra vez el Sol
desde el sepulcro español
la oriental y hermosa cuna,
ni sirva otra con la Luna
a la noche de farol.
   ¡Ay mi adorada inocente!
Si en duda puede el temor
darme la pena presente,

averiguado el rigor
de vuestro hermano inclemente!
¿Qué hará en mí? Pero es cristiano
y noble, y al fin su hermano;
no hará crueldad como ésa.

Peinado   Los golpes con que la huesa
abrió el azadón villano
    sentí, aunque preso, señor,
y el intento oí después
del airado matador,
porque bien sabéis que es
todo oídos el terror.
    De una mujer afligida,
atormentada o parida,
sentí suspiros y llantos,
pedir reliquias y santos
y encomendarlos su vida.

Carlos   ¡Villano, loco, atrevido,
vete, antes que el pesar
.... [-ido]
crezca y no me dé lugar
para serte agradecido!
(Vase Peinado.)   ¿Cómo no me he vuelto loco?
Pero sin entendimiento
fuera, esposa, el sentimiento
de tU injusta muerte poco.
Para tu venganza invoco
tu inocencia; entrad, Amor,
y sed vos el vengador,
aunque el castigo no iguale
a la culpa. Un hombre sale.

(Sale Marco Antonio.)

Marco
    Huyó el príncipe traidor
      con mi hermana, y mi venganza,
    por tardar, no satisfizo
    mi agravio; mas ¿cuándo hizo
    cosa buena la tardanza?
    Si mi ventura le alcanza,
    mi muerto honor resucita,
    a un tiempo tres vidas quita;
    la de Carlos fementido,
    la del hijo mal nacida
    y la vil de Margarita.

Carlos
    ¡Cielos, Marco Antonio es éste!
    Mil gracias rendiros quiero,
    pues se vino donde espero,
    que aquí su castigo apreste.
    Caín de manos crueles
    más bárbaro y fiero que él,
    pues Caín mató un Abel
    y tú has muerto dos Abeles,
    Herodes, cuyas hazañas,
    para tu afrenta inclementes,
    es dar la muerte a inocentes,
    en cuya sangre te bañas.
    Pide al cielo si permite
    que un ángel vengado esté,
    que cada instante te dé
    mil vidas que yo te quite;
    que aun no igualara el valor
    de todas cuantas les des
    con la suya, que al fin es
    un ángel y no un traidor.

Marco	Que vienes sin seso creo o por otro me has hablado, pues las obras has culpado que aún no ejecutó el deseo. ¿A qué Abel mi enoja quita la vida, que vengar quieres?
Carlos	¿No sabes quién soy?
Marco	¿Quién eres?

Carlos	El alma de Margarita,
	    que en señal de su inocencia,
	como la vengo a heredar,
	no tuvo que me dejar
	sino es el alma en herencia,
	    su venganza solicita.

Marco	¿Eres Carlos?
Carlos	Carlos soy, que con dos almas estoy, porque vive Margarita, bárbaro tirano, en mí, pues cuando determinaste dividirlas, las juntaste para venir contra ti.
Marco	Ya tengo que agradecerte pues me excusas de buscarte, y aunque en albricias de hallarte te tengo de dar la muerte, primero que te la dé

y con ella satisfagas
la injuria de los Gonzagas,
su sangre, nobleza y fe,
    quiero saber si perdida
la vida con el honor
murió mi hermana.

Carlos   ¡Traidor!
Pues siendo tú el fratricida,
    ¿me lo preguntas a mí?
....

....

.... [-í].
    Yo no podré castigar
con tu muerte tu delito,
pues si la vida te quito
aún no comienzo a vengar
    a mi esposa. Mas, traidor,
gente viene; ven tras mí,
que quiero cobrar de ti
como de mal pagador.

(Echan mano y vanse. Salen don Diego y don Luis.)

Diego   Entretanto que no viere
el príncipe no tendrá
sosiego.

Luis   Celoso está
mi amor por lo que le quiere,
    y vengo huyendo del fuego
que mis entrañas abrasa,
que aun no oso quedar en casa
con ella y sin ti, don Diego.

Diego	Con eso das testimonio, don Luis, de tu valor.

(Hablan dentro.)

Marco	¡Ah, príncipe engañador!
Carlos	¡Ah, tirano Marco Antonio!
Diego	Al príncipe oí nombrar.
Luis	Yo a Marco Antonio, el hermano de Margarita.
Diego	No en vano nos trujo a este lugar el cielo. Llega a apartarlos, que se matan.
Luis	Caballeros, tened los nobles aceros, que entre Marco Antonio y Carlos la amistad y el parentesco han de ser los medios sabios con que se olviden agravios antiguos.
Diego	Si es que merezco esta merced en favor, príncipe, de que una dama que vive en mi casa os llama de su libertad deudor, parad la espada y la mano,

que morirá Margarita
si esta pendencia le quita
a su esposo o a su hermano.

(Salen Marco Antonio y Carlos.)

Carlos   ¿Cómo, pues, vive mi esposa?

Diego   Y viva por muchos años.

Marco   ¡Ay, sospechosos engaños!

Carlos   ¡Ay, prenda del alma hermosa!

Luis   En vuestro nombre me dio
un ángel, de quien sois padre,
que como es ángel su madre,
su semejanza parió.
    Y don Diego, que venía
en mi busca, a vuestra esposa
encontró que, temerosa
de Marco Antonio, salía
    de su casa; y porque os cuadre
el contento, quiso Dios
que llevásemos los dos
a la nuestra el hijo y madre.

Carlos   Hoy vuelvo a vivir de nuevo.

Marco   ¿Quién en una noche vio
tanto enredo?

Carlos   Sepa yo
a quién tanta merced debo.

Luis	Por don Diego de Mendoza
	a vuestra esposa adquirís.

Diego Solamente don Luis
de Toledo el favor goza
    con que os sirve, y le debéis
aún más de lo que pensáis,
.... [-áis]
Disponer de ella podéis,
    que a la española nación
no es mucho ofrecer la vida.

Luis Margarita está afligida,
recelosa, con razón,
    de la enemistad antigua
que entre Marco Antonio y vos
se conserva, pues que Dios
con tanta paz averigua,
    a pesar de la fortuna
vuestra, prolijas pasiones,
sean uno los corazones,
pues que ya la sangre es una.
    Las manos habéis de daros
de amigos.

(De rodillas.)

Carlos   Más razón es
que os dé rendido a esos pies
mis armas para vengaros,
    pues viviendo Margarita
satisfecho moriría,
porque el agravio lo esté

que a darme muerte os incita.
    Para que os venguéis escojo,
Marco Antonio, este lugar,
porque en él han de quedar,
o mi vida o vuestro enojo.

Luis
    La nobleza en pechos sabios
olvidos de injurias cría.

Marco
Príncipe, la cortesía
puede más que los agravios.
    Dadme aquesa noble mano
y esos brazos que yo os doy.
.... [-oy].

Carlos
Y yo nombre de mi hermano.
    Vamos a ver a mi esposa.

Diego
¿Hay ventura más extraña?

Marco
Siendo medianera España
por fuerza ha de ser dichosa.

Carlos
    ¡Qué os he de ver cara prenda!

Luis
Don Diego, en esta ocasión
gozará, echando al ladrón
de casa, el alma su hacienda.

Fin de la Jornada segunda

Jornada tercera

(Sale doña Elena, de hombre, y Margarita.)

Elena La lástima que me han hecho
vuestras desgracias, señora,
junto con mi inclinación
que por ser noble es piadosa,
me ha obligado a buscar modo
con que el peligro socorra,
que corren a un mismo tiempo
vuestra vida y vuestra honra.
De España vine a ser paje
de don Diego de Mendoza,
y aunque paje, bien nacido,
como hablan por mí las obras.
De vuestros amores supe
aquesta noche la historia,
que aunque comienza en tragedia
muchas el cielo revoca.
También supe la ocasión
que os sacó de noche y sola
de vuestra quietud y casa
librando la vida a costa
del qué dirán, monstruo vil
en cuya bárbara boca
tantas honras hemos visto
despedazadas y rotas.
Alegre estaréis sin duda
de que en una casa propia
halléis socorro, hijo y madre,
en la nobleza española.
¿Quién duda que aguardaréis
que salga la blanca aurora

huyendo del Sol, que ensarta
en hilos de oro su aljófar,
para que el príncipe venga
y a vuestros pesares ponga
alegre fin, dando treguas
a vuestro llanto y congojas?
Don Luis, que en casa ha visto
la ocasión, vencido borra
promesas y obligaciones,
y a los pies del gusto postra
respetos y cortesías.
Si no huís dentro de una hora
a la luz de esa hermosura
será ciega mariposa,
que, aunque queme su nobleza
las alas a la memoria,
traerá otra vez el agravio
que a Tarquino echó de Roma.
Don Diego, como es su amigo,
ni os defiende ni reporta
con el freno del consejo
su determinación loca.
Antes por darle lugar
se ha ausentado de Bolonia;
ved vos, si se va el que os guarda,
¿qué hará el ladrón con las joyas?
El príncipe, que pudiera
defenderos como a esposa,
yéndole yo a dar aviso,
imposible es que os socorra,
porque, según en corrillos
lo dice la ciudad toda,
dejando el tosco disfraz,
tomó para Parma postas,

donde estableciendo paces
perpetuas, otra vez cobra
su estado, dando de esposo
la mano a la hija hermosa
del marqués de Monferrato
y previniendo a sus bodas
mil fiestas que a vuestro amor
harán las fúnebres honras;
pues decir que vuestro hermano,
aunque esta casa os esconda,
ha de ignorar dónde estáis;
sabiendo que os sirve y honra
don Luis, es ignorancia;
y si viene, ¿quién le estorba
que rompiendo vuestro pecho
con él su agravio no rompa?
Celos, peligro y temor
contra vos al arma tocan,
que es propio de las desgracias
convidarse unas a otras.
Mirad si os ofrece el alma
remedio al mal que os asombra,
y si no le halláis bastante
y queréis poner por obra
el que os tengo prevenido,
con determinación corta
le ejecutad, porque os va
en la brevedad la honra.

Margarita   Días ha, amigo Pacheco,
que se ha hecho el alma sorda
a mil pronósticos tristes
que quieren cumplirse ahora.
El terror, que es adivino,

revolvió las tristes hojas
de mis desdichas, y en ellas
leyó mi ventura corta.
Ya yo temí la mudanza,
de Carlos, que era forzosa,
porque una mujer gozada
es trato que anda de sobra.
Pero, pues salieron falsas
las promesas que en lisonjas
lleva el viento, y en mi ofensa
goza a Claudia y me deshonra,
cuando venga Marco Antonio
y me dé muerte, ¿qué importa,
si a falta suya han de ser
verdugos mis manos propias?
Carlos me ha menospreciado,
y cuando no corresponda
don Luis a su favor
ni don Diego de Mendoza
a su palabra y mi ayuda,
siendo los celos ponzoña,
y yo basilisco de ellos,
matarélos si me tocan.
Déjame que en esas calles
dando voces interrompan
mis agravios el silencio,
para que los hombres oigan
de un cruel hombre la inconstancia;
deja que cual toro rompa
la imagen del padre ingrato
en el hijo vil.

Elena   ¡Señora...!

Margarita	Yo iré a Parma, falso Carlos;
	Progne he de ser en tus bodas;
	tu hijo he de hacer pedazos
	para que sus carnes comas.
Elena	Sosiégate.
Margarita	¿Cómo puedo?
Elena	Escuchándome.
Margarita	Estoy loca.
	¿Qué quieres decirme?
Elena	Carlos
	no está casado hasta ahora.
	¿Qué sabemos si pretende
	mientras que su padre toma
	la posesión de su estado
	que ha tanto que por él llora,
	engañar así al marqués
	para que en quietud dichosa,
	a pesar de sus contrarios,
	te llame Parma señora,
	después?
Margarita	Con esas promesas
	su voluntad cautelosa
	entretuvo mi esperanza,
	Pacheco, no ha muchas horas.
	¿Qué me aconsejas?
Elena	Yo he dado
	una traza milagrosa

que, para que se ejecute,
tu aprobación falta sola.
El ama que a mis señores
sirve es una labradora
de aquí cerca, cuyo padre
una milla de aquí mora,
y es quintero del marqués
de Monferrato, el que toma
a Carlos todo su estado.

Margarita   Ése mi esperanza agosta.

Elena   Ya tú sabes que aquí cerca
labró con soberbia y costa
una casa de placer
donde deposita Flora
su apacible primavera,
y donde Amaltea hermosa
vierte, a pesar del invierno,
eternamente su copia.
Si este rústico te lleva
disfrazada con las ropas
de su hija, imaginando
que eres una labradora,
a quien por querer yo bien
y que nadie te conozca
en su quinta, por mi cuenta
que estés oculta me importa,
podrás aguardar segura,
si la Fortuna mejora
tus desgracias, excusando
los peligros que te asombran;
y yo partiéndome a Parma
haré con Carlos de forma

que de Claudia la presencia
no destierre tus memorias.
Y cuando casarse intente,
como la fama pregona,
buscaremos trazas nuevas
que estorbo a su intento ponga.
¿Qué dices?

Margarita   Que no sé quién
en mi favor te provoca
cuando todos me persiguen.

Elena   Mi inclinación que es piadosa.
Al labrador tengo hablado
y a mi gusto se acomoda,
de su hija prevenidas
las galas pobres y toscas.
El camino es breve, el tiempo
acomodado, pues, corta
a la noche con tijeras
de plata el alba las ropas.
A la puerta está el peligro
la diligencia negocia
y es madre de la ventura.
¿Qué escoges?

Margarita   Fuerza es que escoja
tus consejos saludables.

Elena   ¡Alto, pues! Vamos, señora,
por el niño cuya vista
alivio dé a tus congojas,
que el labrador nos espera,
y con tan bella pastora

	brotará flores la quinta.

Margarita   Si vengo a ser más dichosa,
               yo pagaré largamente
               esta industria.

Elena (Aparte.)   (¡Amor, vitoria!
               Ya está el enemigo fuera,
               ya no se abrasará Troya
               ni don Luis gozará
               la ocasión que le provoca.)

Margarita   ¡Ay, Carlos, al fin mudable!

Elena   ¡Ay, industrias amorosas!

(Vanse. Salen Marco Antonio, Julio y Carlos.)

Julio   El príncipe y el marqués
               con Claudia estarán, señor,
               en la quinta de Belflor;
               razón será que le des
                  con tu presencia un buen día.
               De Peinado el jardinero
               saben, que en traje grosero
               disfrazas la gallardía
                  que ha envidiado Italia en ti,
               y por esto a Belflor vienen,
               donde prevenidas tienen
               tus bodas; no está de aquí
                  sino una milla. ¿Qué aguardas,
               viendo que te está esperando
               Claudia, por siglos juzgando
               las horas que en verla tardas?

Carlos	Marco Antonio: si merece
	que le deis fe mi valor,
	nuestra amistad y el amor
	que desde hoy en los dos crece,
	para cobrar el estado
	que me ha usurpado el Marqués,
	con cuyo favor después
	el que a vos os ha quitado
	restauremos, es forzosa
	hoy a Belflor mi partida,
	y porque no me lo impida
	Margarita, que, celosa
	de Claudia, ha de pretender
	partir en mi compañía
	o no dejarme ir, querría,
	antes de verla, poner
	mi intento en ejecución.
	....
	....
	.... [-ón]
	¿Qué os parece?
Marco	Aunque mudanza
	temo, sé vuestro valor,
	y que si es cuerdo el temor,
	es noble la confianza.
	Partid, príncipe, en buen hora;
	cobrad a Parma, que es justo,
	como reservéis el gusto
	para quien en él adora.
	Pero, porque no le ofenda
	cuando miréis la beldad
	de Claudia, al Amor llevad

cual le pintan, con la venda
a los ojos.

Carlos
                        A entender
con aqueso me habéis dado
que el amor cuando es honrado
solo a su dama ha de ver,
    quedando ciego en su ausencia;
pero, Marco Antonio amigo,
al tiempo doy por testigo,
por fiadora a la experiencia,
    y por jueces a los dos,
de mi invencible constancia.
Mi partida es de importancia;
presto os veré. Adiós.

(Vase don Carlos.)

Marco
                        Adiós.
    Don Luis y don Diego viven
aquí; prevenirlos quiero
que a mi hermana hablen primero,
porque si no la aperciben
    de la amistad que hemos hecho
el príncipe y yo, el temor
de mi pasado rigor
que la matará sospecho.
    Quiero llamar, pero aquí
pienso que salen los dos.

(Salen don Luis y Calvete.)

Luis   ¿El príncipe?

Calvete	Juro a Dios
	que la llevó y que lo vi
	por éstos que han de comer
	garrapatas. ¿Quieres más?
Luis	¿Pues has visto tú jamás
	al príncipe?
Calvete	Desde ayer
	le he visto y comunicado;
	todo el suceso me dijo
	de su amor. Suyo es el hijo
	que nos dieron. Disfrazado
	por Margarita ha ya un año
	que goza de su beldad.
Luis	Basta, todo eso es verdad.
Calvete	A mí no hay hacerme engaño.
	Celoso de que su amante
	fueres estando ella aquí,
	no ha media hora que la vi
	llevarla. Llegué arrogante,
	tentéla determinada,
	que es colérica y no espera,
	saqué el pie derecho fuera,
	conocíle y no hubo nada.
	Al fin con gravedad nueva
	me dijo: «Hola, a quien llegare
	si por ella os preguntare
	decid: "El príncipe la lleva"».
	Partióse, y fuime a dormir.
	¿Quieres más?

Luis	No.
Calvete	Voyme a echar.

(Vase.)

Luis	Debióse de adelantar
	Carlos, y por prevenir
	el riesgo de una ocasión,
	se la llevó. Ya sosiego;
	a buscar voy a don Diego.
	Extraños enredos son
	los que aquesta noche ha habido.
Marco	¿Qué hay, don Luis valeroso?
Luis	¡Oh, Marco Antonio famoso!
	No por poco prevenido
	el príncipe perderá
	lo que es suyo de derecho.
	Poca confianza ha hecho
	de quien sirviéndole está.
Marco	¡Cómo!
Luis	¿No lo sabéis?
Marco	No.
Luis	A Margarita ha sacado
	de casa desconfiado
	de que, por amarla yo,
	había de estar segura
	su belleza en mi poder.

Marco	Eso, ¿cómo puede ser?
Luis	Así quien lo vio lo jura.
Marco	Pues vase ahora de aquí a Belflor determinado de cobrar su antiguo estado a costa de dar el sí a Claudia, y porque por ella mi hermana no le impidiese su camino o le siguiese a Belflor, se va sin ella, ¿y decís que la sacó de casa?
Luis	Lo cierto es esto.
Marco	En confusión me habéis puesto notable.
Luis	Si se apartó anoche de vos, es cierto que vino por ella.
Marco	Sí, luego que me despedí de vos se fue. ¿Si la ha muerto por quedar libre y poder casarse con Claudia?
Luis	No, que es noble y cristiano.

Marco	Y yo desdichado. Sin querer ver a su esposa, partir a Belflor con tanta prisa, ¡qué tarde el alma me avisa! No quiso, por encubrir su muerte, verla conmigo. ¡Ah promesas lisonjeras! ¡Nunca fue amigo de veras quien de veras fue enemigo! Testigo ha de ser Belflor, si al homicida hallo en él, del castigo más cruel que dio un agravio a un traidor.
Luis	Si aqueso es cierto, el primero seré en vengar su inocente sangre.
Marco	¡Ah, príncipe inclemente!
Luis	Ir con vos a Belflor quiero.
Marco	¡Ah, Margarita engañada!
Luis	La quinta pienso abrasar.
Marco	¡Qué poco que hay que fiar de amistad reconciliada!

(Vanse. Salen el Marqués y el Príncipe de Parma, viejos, Claudia y otros.)

Marqués	Menos la luz se estimara si no hubiera escuridad,

y a faltar la enfermedad
la salud no se preciara.
El mar furioso declara
lo que la bonanza encierra,
realza al llano la sierra
como la fea a la hermosa,
y así nunca es tan preciosa
la paz como tras la guerra.
Ejemplo de esta verdad
será, príncipe excelente,
la que establece al presente
nuestra antigua enemistad.
Para más conformidad
tocó cajas al rigor
de nuestro antiguo furor,
mas ya con paz nos abraza
y de dos opuestos traza
nuestro parentesco amor.

Príncipe   Cuando la guerra prolija
después de tantos enojos
no me diera más despojos
que por hija a vuestra hija,
es justo, marqués, que elija
desde hoy mi dicha, la gloria
y premio de la vitoria;
porque cuando yo os venciera,
¿con qué otra cosa pudiera
eternizar mi memoria?
¡Dichoso Carlos, que aguarda
ser dueño de tal belleza!

Marqués   Más merece su nobleza.
Claudia juzgará que tarda;

que aunque el temor la acobarda,
con el femenil recato
como desposarla trato
hoy deseará ver
a quien su esposo ha de ser
y heredar a Monferrato.

Príncipe   Nuestros pasados enojos
nunca les dieron lugar
para verse ni gozar
Carlos la luz de estos ojos.
Entre groseros despojos
Bolonia le ha disfrazado;
pero, pues ya está avisado
del bien que el cielo le da,
presto, señora, vendrá
humilde y enamorado.
   ¿Habéisle cobrado amor?

Claudia   Nunca mi gusto aborrece
lo que estima y le parece
bien al marqués, mi señor.

Príncipe   Vos respondistes mejor
que yo supe preguntar.

Marqués   Vamos, démosla lugar
que con el deseo trate
de Carlos, y la retrate,
que amor bien sabe pintar.

(Vanse los el Príncipe y el Marqués.)

Claudia   Si son propiedades ciertas

de Amor que aún está en calma,
que para entrar en el alma
los ojos le abran las puertas,
¿cómo en mí, no estando abiertas,
me presenta sus despojos
mi padre por darme enojos?
Pues de los cinco sentidos
la fe escoge los oídos,
pero Amor solo los ojos.
   Déjeme verle y hablalle,
sepa mi amor lo que merca,
que quien ha de estar tan cerca
no es bien de lejos amalle.
Sin ver su presencia y talle,
¿cómo le podré querer?
En un paje suelen ver
el talle, el rostro y lenguaje,
pues ¿importa más un paje
que quien mi esposo ha de ser?

(Salen doña Elena, da galán, y Calvete.)

Elena   ¿Margarita está contenta
                 y segura de mi amor?

Calvete   Contado le he a mi señor
                 todo el caso; pero intenta
                    estorbar que a Claudia veas;
                 con Marco Antonio vendrá
                 aquí, que dudoso está
                 de que en Margarita empleas
                    todo el gusto, sin que tenga
                 Claudia en él alguna parte
                 con que te obligue a casarte.

Elena	Cuando Marco Antonio venga conocerá la firmeza de mi noble inclinación.
Claudia	¿Qué gente es ésta? ¿Si son pajes de Carlos? Ya empieza a prevenirse el deseo. ¿Si habrá el príncipe venido?
Calvete	Grande atrevimiento ha sido traerla aquí.
Elena	Ya lo veo, aunque estando su belleza encubierta como está, de aquese modo será testigo de mi firmeza.
Claudia	Lo que hablan quiero escuchar.
Calvete	Di, pues, quién eres, señor, porque se alegre Belflor.
Claudia	Si Belflor se ha de alegrar con su venida, ¿quién duda que es este el príncipe? ¡Ay, cielos!
Elena	Calvete, algunos recelos puesto me tienen en duda.
Calvete	Si eres, Carlos, heredero de Parma, ¿qué hay que temer?

Elena	No he de darme a conocer sin ver a Claudia primero.
Claudia	¿Verme quiere? Mi opinión sigue, que Amor se conquista solamente por la vista. No previne la ocasión. ¿Si está el cabello compuesto? ¿Si tengo igual el vestido? ¡Qué sin pensar me has cogido, Amor, en el lazo puesto!
Calvete	El cielo las partes haga de tu esposa.
Elena	Sí, hará.
Claudia	¿Su esposa me llama ya? Recíprocamente paga mi amor, que es un ángel de oro el principillo.
Elena	No entiendas que interés, belleza o prendas me han de vencer, que la adoro y es mi esposa.
Claudia	Que me adora dice. Perdone el temor que le he de hablar... ¡Ah, señor, con tal silencio!
Elena	¡Oh, señora! ¿Conocéisme vos a mí?

Claudia	El alma que profetiza su dicha en vos solemniza a Carlos.
Elena	¿Sois Claudia?
Claudia	Sí.
Calvete	Por Dios que nos ha escuchado.
Elena	Dadme aquesa mano bella, honraré mi boca en ella.
Claudia	Aunque sois tan deseado no sé si en parte me pesa de que a verme hayáis venido.
Elena	Pues ¿por qué he desmerecido tanto bien?
Claudia	No es la causa ésa.
Elena	¿Pues cuál?

Claudia	Habéisme pintado
	allá en la imaginación
	un ángel en perfección
	y hermosura, y engañado
	  agora, vendré a perder
	lo que en ausencia ganara
	si por tan bella quedara,
	porque jamás suele ser
	  igual el original

a lo que el deseo retrata.

Elena

Nunca con igualdad trata
lo humano a lo celestial,
    y siendo Claudia infinita,
tan rara beldad excede
a lo que mi ingenio puede
pintar.

Calvete (Aparte.)

(¡Pobre Margarita!)

Claudia

De vos la misma razón
alegar Carlos podría,
pues como visto no había
vuestro talle y discreción,
    pintábaos el pensamiento
un matahombres, enseñado
más al acero templado
que al dulce entretenimiento
    con que el amoroso dios
hace en las almas su empleo;
pero su retrato veo
en lo niño y bello en vos.
    Vamos, que quiero ganar
las albricias del marqués,
aunque siendo el interés
mío, yo las puedo dar.

Elena

Impórtame por ahora
que no sepan mi venida.

Claudia

¿Cómo? ¿Mi dicha no impida
norabuena?

Elena	No, señora; solo es por cierto respeto que después os contaré.
Claudia	Vamos, pues, que yo os tendré con el debido secreto que pedís. Pero qué, ¿tanto encubierto habéis de estar?
Elena (Aparte.)	Lo que tardase en llegar un amigo. (¡Cielo santo, ya yo entré donde no puedo salir si no me sacáis! En buen peligro, alma, andáis por don Luis de Toledo.)
Claudia (Aparte.)	(¿Hizo el cielo más hermoso príncipe? Perdida voy.)
Elena	Vamos, que habéis de ser hoy...
Claudia	¿Qué?
Elena	Mi esposa.
Claudia	Y vos mi esposo.

(Vanse Claudia y doña Elena.)

Calvete	Zampáronse allá los dos. Yo no acabo de entender qué fin tiene de tener tanto embeleco.

(Salen Peinado y Margarita de labradora.)

Peinado   Par Dios,
                que por más que os encubráis
                sois Margarita Gonzaga.

Margarita   ¡Arre allá; apartaos de zaga!

Peinado   Yo no sé si en pena andáis
                desque os mató vuestro hermano,
                mas vuestra empergeñadura
                es su misma catadura.
                Encubriros será en vano.
                Un responso y media misa
                si andáis, Margarita, en pena,
                os haré decir.

Margarita   ¿No es buena
                la tema en que da? Fenisa
(Aparte.)   me llamo. (Si me conocen
                en Belflor, perdida soy.)

Calvete   Señora, dichoso soy.
                en haberte hallado; gocen
                    mis labios tus pies.

Margarita   ¡Verá
                si escampan los desvaríos!

Calvete   Calvete soy.

Margarita   ¡Hola, tíos;
                ténganse les digo allá!

Calvete	¡Oh! ¿Zangamangas conmigo?
Peinado	Vos no debéis de saber que anda en pena esa mujer y está muerta. Quitaos digo.
Calvete	¿Muerta?
Peinado	Sí, par Dios, yo oí abrir su huesa en la huerta do la enterraron.
Margarita (Aparte.)	(Por muerta me tienen.)
Calvete	Quita de ahí, páparo.
Margarita	¿Mas qué he de echarlos? ¡Si no se van con mal huego!
Peinado	¿Veislo?
Calvete	Yo la haré que luego vuelva la hoja.
(Al oído.)	Aquí está Carlos, y si no vas a estorbar que no hable a Claudia, par Dios, que se picotean los dos.
Margarita	¿Cómo? Espera.
Peinado	Es escolar y conjúrala al oído,

                      ¿qué mucho se esté quedita?

Calvete   Vuestro hermano, Margarita,
todo el suceso ha sabido
   y presto vendrá a Belflor
con don Luis y don Diego.
Carlos está de amor ciego
por Claudia.

Margarita   ¿Ciego de amor,
   y por Claudia?

Calvete   Aquesto es llano
si a la vista he de creer;
ahora acabo de ver
que se entraron mano a mano
   donde, aunque esté Marco Antonio
confïado en él, par Dios,
que deben estar los dos
consumando el matrimonio.

Margarita   ¡Alto! Echó Fortuna el resto
de mi pena y su rigor;
hoy abrasaré a Belflor.

(Sale Julio.)

Julio   Avisen a Claudia presto.

Peinado   ¿Qué hay de nuevo?

Julio   Que ha venido
Carlos.

Calvete	¿Veslo?
Peinado	Ya me alegro.
Julio	Con su padre y con su suegro está.
Calvete	Habrále persuadido Claudia, después de gozada, que se les dé a conocer.
Julio	El desposorio ha de ser hoy y luego la jornada, que han de ir a dormir a Parma. A Claudia voy a llamar. Adiós.

(Vase Julio.)

Margarita	¿Hoy se han de casar? Celos, toquemos al arma. Traedme el alma de Carlos, para que la atormentemos.
Peinado	Pues ¿soy yo corchete de almas?
Margarita	Tú eres el diablo cojuelo.
Peinado	¿Cojo me quieres dejar? ¿Quién diablos me metió en esto?
Margarita	Métele en el calabozo que llaman del menosprecio, donde con fuego y azufre,

que es azul, le quemen celos.
¿No le traes?

Peinado   Ya voy por él,
                    Por el guisopo y caldero
                    voy al cura y monacillos:
                    ¡Abernuncio, Jesús, credo!

(Vase Peinado.)

Margarita   Pasa tú aquí, Asmodeíllo,
                    que en tu compañía quiero,
                    como hay visita de cárcel,
                    que haya visita de infierno.
                    Tú días ha que condenado
                    estás.

Calvete   ¡Zape! Eso reniego.
                    ¿Condenado? Ni aun de burlas.
                    ¿Por qué?

Margarita   Por alcabalero.

Calvete   Por alcahuete dirás.

Margarita   Sí, que también el infierno
                    como el mundo, sin ser santos,
                    tiene su orden de terceros.
                    ¡Oh, qué de oficios que están
                    abrasándose!

Calvete   Acá dentro
                    no consienten vagamundos.

Margarita	¿Quién son éstos?
Calvete	Pasteleros.
Margarita	O [son] hojaldreros ladrones, poca carne, mucho hueso, moscas con caldo en verano, macho picado en invierno. Con sus pelos enhornarlos.
Calvete	Los de Italia serán ésos, porque los de España son buenos cristianos.
Margarita	Muy buenos.
Calvete	Todos los que ves son sastres.
Margarita	¿Sastres son todos aquéstos?
Calvete	Sí, que comen con las puntas de las agujas el huevo.
Margarita	¡Par diez!
Calvete	Ellos son muy bellacos marineros, pues viendo siempre la aguja nunca atinaron al puerto. ¿No notas la multitud de poetas como perros, mordiéndose unos a otros, no las carnes, mas los versos?

Margarita	Tal es la hambre que pasan.
Calvete	Por eso se andan royendo las uñas todos.
Margarita	No es poco admitirlos el infierno; mas ¿cómo están con los sastres?
Calvete	¿Agora no sabes eso? Porque cortan de vestir y mienten siempre con ellos. Esta es la volatería, todo es plumas.
Margarita	Ya te entiendo, que en el infierno también hay signos como en el cielo. ¿No es Carlos éste que está con Vireno padeciendo por ingrato? Olimpa soy;
(Coge a Calvete.)	¡ah, villano; aquí te tengo! Con los pies te he de pisar ese corazón blasfemo. Quien tal hace que tal pague.
Calvete	¡Que me matas!
Margarita	¡Tú me has muerto!

(Vanse. Salen Carlos, el Marqués y el Príncipe.)

Marqués	Otra vez me dad los brazos.

Carlos	Y el alma, señor, con ellos.
Príncipe	Dichoso fin a sus canas mis prolijos años dieron.
Marqués	Vayan a llamar a Claudia, que es a quien de este contento le toca la mayor parte; hoy os llamará su dueño y hoy entraremos en Parma.
Carlos	¿Cómo, gran señor, tan presto?
Marqués	Sí, Carlos; que es importante.
Carlos (Aparte.)	(Si en ella una vez me veo no tendría Margarita queja de mí, ni sus celos ocasión de nuevos llantos.)
(Sale Claudia.)	
Claudia (Aparte.)	¿Carlos? (¡No puede ser eso!)
Marqués	Ya, Claudia; vino tu esposo; en él tienes un espejo de nobleza y discreción, de gentileza y esfuerzo; dale la mano y los brazos.
Carlos	Con los míos os ofrezco un alma, cuyas potencias están suspensas de veros.

Claudia	¿Qué engaño es éste, señores? ¿Vos sois Carlos?
Carlos	No merezco ser vuestro esposo, mas soy Carlos, de Parma heredero.
Claudia	Eso ¿cómo puede ser, si es Carlos un ángel bello de mi guarda, a cuyos ojos se rinden mis pensamientos?
Marqués	Estás sin seso. ¿Qué dices?
Claudia	Yo bien puedo estar sin seso; mas, dentro en mi cuarto está el Carlos a quien yo quiero.
Príncipe	¿Hay confusión semejante?
Marqués	Id por él. ¿Qué es esto, cielos?
Claudia	Yo le traeré y juzgaréis lo que gano con el trueco.

(Vase. Salen don Diego, don Luis y Marco Antonio.)

Luis	Aquí están todos; veamos el fin de aqueste suceso, pues si Carlos os ofende, que hasta ahora no lo creo, y a Margarita dio muerte, todos tres satisfaremos vuestro agravio.

Diego	Vida y honra por vos perderá don Diego.
Marco	Sois españoles, que basta.

(Sacan dos labradores a Margarita de los brazos, de pastora.)

Labrador I	Gracias a Dios que en sí ha vuelto.
Marqués	¿Qué es esto?
Labrador II	Mande su esencia poner en un aposento esta mujer encerrada, que habiendo perdido el seso da en decir que es Locifer y Belflor es el infierno, los que en ella estamos diablos, y si no la detenemos ya volara aquesta quinta hecha polvos por el viento.
Carlos	¡Margarita de mis ojos!
Margarita	¿De tus ojos soy y en ellos tienes a Claudia, traidor?

(De rodillas.)

Carlos	No lo permitan los cielos, sangre ilustre de Gonzaga. Si en los generosos pechos pueden más que los agravios

la piedad que vive en ellos,
tenedla de Margarita
y de mí, que en yugo tierno
ha un año que soy su esposo
y en su casa jardinero,
o dadme perdón o muerte.

Príncipe   ¿Qué es lo que oigo? ¡Ay, triste viejo!
¿Quién es esta Margarita?

Carlos   Del mayor contrario vuestro,
aunque ya es hijo, es hermana.

Príncipe   Si es Marco Antonio, primero
derramaré tu vii sangre.

(De rodillas.)

Margarita   La garganta humilde ofrezco,
como a mi padre y señor.

Marco   Y yo también este cuello
si vuestra gracia no alcanzo.

Carlos   Mi Marco Antonio, aquí os tengo,
ya no temeré la muerte.

Margarita   Cielos piadosos, ¿qué es esto?
¿Tendrán fin tantos pesares?

Carlos   Dadnos perdón.

Marqués   Es muy presto.

Carlos	Quien da luego da dos veces.
	Ya el enojo es parentesco;
	dos veces nos perdonáis
	siendo infinitas ejemplo
	de príncipes.
Marqués	¿Qué he de hacer,
	si ya no hay otro remedio?
Marco	Perdón, señor, os pedimos.
Margarita	Padre sois.
Príncipe	Yo os lo concedo
	como le alcance mi hijo
	del marqués.
Marqués	Pues ya está hecho,
	si el dar luego es dar dos veces,
	yo os le doy.
Carlos	Eres espejo
	de Italia y del mundo todo.

(Salen Claudia y doña Elena de hombre.)

Claudia	El príncipe a quien por dueño
	confiesa el alma es aquéste.
Marqués	¿Cómo? ¡Dadle muerte presto!
	¡Ah, villano cauteloso!

(Sale Calvete.)

Calvete (Aparte.)	(A pagar de mi dinero que es príncipe y más.)
Marqués	Matadle.
Claudia (De rodillas.)	Señor, por su vida ruego, si no aborrecéis la mía.
Elena	Un paje soy, que este enredo en favor de Margarita quise hacer.
Marqués	Matadle presto.
Diego	Eso no, gran señor, que es una dama de Toledo tan ilustre como hermosa.
Calvete	¡Válgate el diablo el Pacheco!
Luis	¿Es doña Elena de Luna?
Diego	Sí, que vuestro olvido y celos la han obligado a poner su vida y honor a riesgo. La mano la habéis de dar de esposo.
Claudia	¡Extraño suceso!
Carlos	¿Hay más cosas en un día?
Calvete (Aparte.)	(¡Oh, príncipe embelequero!)

Diego	Dadle esa mano.
Luis	En España se la juro dar, don Diego.
Diego	Quien da luego da dos veces.
Luis	¡Alto, pues! Dóysela luego.
Marqués	Claudia la dé a Marco Antonio, a quien hago mi heredero.
Claudia	Obedecerte es mi gusto.
Marco	Esos pies humildes beso.
Luis	Gocéis; Carlos valeroso, con Parma el dichoso empleo de Margarita.
Carlos	A los dos cuanto soy y valgo debo, y pues que ya tiene esposa don Luis, para don Diego, guardo una hermana, y con ella cuatro villas.
Diego	No merezco tanta merced.
Calvete	Eche un guante para mí.
Carlos	¿Qué quieres?

Calvete	Quiero el ama que dio a mamar, Carlos, a vuestro hijo bello, que yo haré venga a crïarle.
Luis	¿A la parida?
Calvete	¡Oh, qué bueno! Yo soy quien la emparidé.
Margarita	Yo el dote, Calvete, os debo. Venga a crïarme mi hijo vuestra mujer.
Calvete	Tus. pies beso.
Marqués	Venid, que en Bolonia quiero celebrarlos todos juntos los ilustres casamientos.
Carlos	Si es verdad, noble senado, que conforme estos ejemplos quien da luego da dos veces, dad perdón a nuestros yerros.

Fin de la comedia

.

Libros a la carta

A la carta es un servicio especializado para
empresas,
librerías,
bibliotecas,
editoriales
y centros de enseñanza;
y permite confeccionar libros que, por su formato y concepción, sirven a
los propósitos más específicos de estas instituciones.

Las empresas nos encargan ediciones personalizadas para marketing
editorial o para regalos institucionales. Y los interesados solicitan, a título
personal, ediciones antiguas, o no disponibles en el mercado; y las acom-
pañan con notas y comentarios críticos.

Las ediciones tienen como apoyo un libro de estilo con todo tipo de refe-
rencias sobre los criterios de tratamiento tipográfico aplicados a nuestros
libros que puede ser consultado en Linkgua-ediciones.com.

Linkgua edita por encargo diferentes versiones de una misma obra con
distintos tratamientos ortotipográficos (actualizaciones de carácter divul-
gativo de un clásico, o versiones estrictamente fieles a la edición original
de referencia).

Este servicio de ediciones a la carta le permitirá, si usted se dedica a
la enseñanza, tener una forma de hacer pública su interpretación de un
texto y, sobre una versión digitalizada «base», usted podrá introducir inter-
pretaciones del texto fuente. Es un tópico que los profesores denuncien
en clase los desmanes de una edición, o vayan comentando errores de
interpretación de un texto y esta es una solución útil a esa necesidad del
mundo académico.

Asimismo publicamos de manera sistemática, en un mismo catálogo, tesis
doctorales y actas de congresos académicos, que son distribuidas a través
de nuestra Web.

El servicio de «libros a la carta» funciona de dos formas.

1. Tenemos un fondo de libros digitalizados que usted puede personalizar
en tiradas de al menos cinco ejemplares. Estas personalizaciones pueden
ser de todo tipo: añadir notas de clase para uso de un grupo de estu-

diantes, introducir logos corporativos para uso con fines de marketing empresarial, etc. etc.

2. Buscamos libros descatalogados de otras editoriales y los reeditamos en tiradas cortas a petición de un cliente.

.

www.ingramcontent.com/pod-product-compliance
Lightning Source LLC
Chambersburg PA
CBHW021931040426
42448CB00008B/1008